Erwecke die Königin in Dir

Janaina von Moos

Erwecke die Königin in Dir

LIV verlag

© 2022 LIV Verlag, Luzern, Schweiz

Lektorat, Korrektorat:
Katja Völkel, Dresden / D

Umschlaggestaltung:
Karin Rabensteiner, Luzern / CH

Layout, Satz:
Beate Simson, Pfaffenhofen a. d. Roth / D

Druck und Bindung:
CPI Books GmbH, Leck / D

Print:
ISBN 978-3-9525217-8-6

E-Book:
ISBN 978-3-9525678-0-7

www.livverlag.ch

Für Dich...

Du, die den Mut hat,
die Königin in sich zu erwecken.

Inhalt

Vorwort

2015 war ein hartes Jahr für mich, mein ganz persönlicher Tief-
punkt. Nach einem regelrechten Erfolgssturm war ich auf meh-
reren Ebenen so weit unten angelangt, dass ich eine Auszeit
brauchte. Diese Auszeit brachte mir viele gute und klare Gedanken, die mit Sicherheit mein weiteres Leben und meinen eigenen
Weg geprägt haben und auch weiterhin prägen werden.

Ich möchte meine Gedanken mit dir teilen, weil ich sicher bin,
dass es einen Grund hat, dass gerade du genau jetzt zu diesem
Buch gegriffen hast.

Szenenwechsel. Es ist 2015, meine Beziehung war unausweich-
lich an ihrem Ende angelangt. Obwohl wir uns offiziell noch in
der „Auszeit" befanden, wusste ich tief in mir drin: Es ist vorbei!
Dabei hatte ich doch mein Bestes gegeben, hatte für diese Liebe
so gekämpft. Nun saß ich da ... allein, entmutigt und traurig. Ich
fühlte mich unendlich leer und hatte keine Vorstellung, wie es
nun für mich weitergehen sollte. In den 7 Jahren zuvor hatte ich
meinen damaligen Partner so nahe an mich herangelassen wie
keinen anderen Menschen zuvor. Dieser Mann kannte mich am
besten und aus nächster Nähe. Mit ihm verlor ich nicht nur meinen Partner, sondern auch meinen besten Freund. Die Trennung
von ihm brachte mein gesamtes Universum ins Wanken. Es riss
mir fast den Boden unter den Füßen weg.

Genau diese Situation war es, vor der ich immer Angst gehabt
hatte, vor der ich mich stets schützen wollte, indem ich die Men-

schen auf Distanz hielt. Ich wollte nicht allein dastehen, nachdem ich mich einmal geöffnet hatte. Bei der Ausnahme von meiner persönlichen Regel durch die zugelassene Nähe zu meinem nunmehr Ex-Partner wurde meine größte Angst zur Realität.

Heute staune ich darüber, wie bezeichnend es doch ist, dass das Leben uns immer genau an den Punkt führt, an dem unsere größten Ängste wohnen und wie uns die Realität gnadenlos mit unseren Schwächen konfrontiert. Dies sind exakt die Orte, an die wir so dringend hinschauen müssten, aber es partout nicht wollen.

Ich möchte dir mit diesem Buch ein wenig aus der Dunkelheit heraushelfen. Vielleicht ist es sogar der kleine Lichtblick, das Fünkchen Hoffnung, den du gerade brauchst. Ich hätte mir so etwas damals sehr gewünscht. Bestimmt wirst du nicht in allen Punkten mit mir übereinstimmen. Aber ganz sicher kann ich dir ein paar wertvolle Impulse und Denkanstöße liefern, die dir helfen, aus deiner aktuellen Situation wieder herauszufinden. Ich möchte dir mit diesem Buch einen Wegweiser an die Hand geben für eine Transformation, wie sie auch bei mir stattgefunden hat. Dieser Weg aus meinem tiefen Tal hat dazu geführt, dass ich die Königin in mir selbst erkannt habe. Diese Transformation hat mich dahin gebracht, heute eine erfüllte Beziehung mit meinem Seelenpartner zu führen. Mit diesem Seelenpartner konnte ich sowohl eine wundervolle Familie gründen als auch erfolgreich als Unternehmerin tätig sein.

Wo willst du hin? Was auch immer dein Wunsch ist, es fängt immer bei dir an. Lass uns gemeinsam die Königin in dir erwecken. Lass uns sehen, welch kraftvolle Person in dir verborgen ist. Ich kann sie bereits spüren, deshalb werde ich dich im gesamten Buch als „Königin" ansprechen – weil du genau das auch verdient hast.

Deine Janaina

Teil 1

Ein Blick auf
Bedürfnisse und Ängste

Meine Reise zu mir selbst

Um zu meiner gescheiterten Beziehung wirklich Abstand zu gewinnen, machte ich mich auf den Weg ins Ausland. Mein Ziel war Südostasien. Ich freute mich zwar auf den Tapetenwechsel, dennoch ich trat diese Reise mit sehr gemischten Gefühlen an. Auf der einen Seite war ich froh, den ganzen Ballast hinter mir zu lassen, auf der anderen Seite begleitete mich auch die traurige Gewissheit, dass es endgültig keine Chance mehr für diese Beziehung gab. Unseren Abschied empfand ich damals noch als sehr warmherzig. Ich spürte mehr Nähe als Freundschaft. Gleichzeitig verlief unsere Kommunikation per SMS eher distanziert und unterkühlt. Im Flugzeug habe ich noch viel über diesen Widerspruch nachgedacht. Wenig später beschloss ich jedoch, diese Reise und die mir geschenkte Zeit für mich zu nutzen. Tief in mir drin hatte sich bereits viel zu lange etwas aufgestaut. Heute weiß ich: Das war die beste Entscheidung, die ich in diesem Moment treffen konnte.

Die Entscheidung für meine Themen und für mich war auch bitter nötig, denn ich konnte mich schon gar nicht mehr erinnern, wann ich mir das letzte Mal Zeit für mich genommen hatte. Nur für mich. Ständig erfüllte ich irgendwelche Rollen. Diese Entscheidung bedeutete, einfach mal nicht als

* Freundin,   * Tochter,
* Partnerin,   * Unternehmerin oder   * Chefin

handeln und denken zu müssen, sondern nur für mich. Das letzte Mal, dass ich mir selbst diesen Raum eingeräumt hatte, war definitiv schon viel zu lange her!

Auf dieser Reise habe ich viele wertvolle Erkenntnisse gewonnen. 28 davon möchte ich hier mit dir teilen. Diese sollen dir dabei helfen, die Königin in dir zu erwecken.

Du willst, dass man dich wie eine Königin behandelt? Du willst, dass andere deinen Wert sehen?

Dann darfst du als Erstes damit anfangen. Eine Königin kennt ihren Wert und nimmt ihren Platz ein. Sie würde sich niemals unter ihrem Wert verkaufen. Sie geht keine faulen Kompromisse ein. Sie steht für sich ein. Sie strahlt es aus.

Jetzt fragst du dich natürlich, wie du das anstellen sollst.

Als Erstes darfst du wissen: Es fängt immer bei dir an. Alles, was du dir im Außen wünschst, darfst du dir selber geben.

Wie im Innen, so im Außen – das hast du bestimmt schon mehrmals gehört.

Mit meinen 28 Erkenntnissen möchte ich dir einen praktischen Leitfaden an die Hand geben, wie du in die Umsetzung kommst.

Also lass uns an die Arbeit gehen. Ja, du hast richtig gelesen: Es ist Arbeit. Aktiv an dir und deiner neuen Identität als Königin zu feilen, bedeutet Arbeit. Aber wir haben es mit einer Aufgabe zu tun, die dir Spaß machen soll. Wir finden einen Weg zurück zu dir, in deine Essenz. In deine Mitte. Vielleicht geht es dir so wie mir damals und du entdeckst Facetten an dir, von denen du gar nicht wusstest, dass du sie hast.

Wichtig dabei ist, dass du dich nicht unter Druck setzt. Du musst dich nicht von heute auf morgen zwangsoptimieren. Darum geht es hier auf keinen Fall. Lies das Buch in Ruhe und setze die Tipps um, mit denen du in Resonanz gehst. Nimm dir Zeit und vor allem: Hab Spaß daran.

Hab Freude daran zu sehen, wie du dich entwickelst. Es wird nicht lange dauern, und dein Umfeld wird dich auf deine Umwandlung ansprechen und sagen: „Hey, was hast du gemacht? Du siehst so glücklich aus", „Ich weiß nicht, was du genau gemacht hast, aber irgendwie bist du anders und es gefällt mir" oder auch „Du hast dich verändert. Also im positiven Sinn.".

Lass uns die Reise gemeinsam antreten.

Los geht's!

Erkenntnis / Nimm dir Zeit
für dich selbst.

Wann hast du dir das letzte Mal Zeit für dich selbst genommen? Vielleicht rollst du innerlich bei dieser Frage mit den Augen. Oder du suchst auch schon lange nach einer Möglichkeit, dir endlich mal Zeit für dich einzuräumen. Ich sage dir: Mach es einfach. Es muss nicht gleich die Reise nach Südostasien sein, aber du wirst Zeitfenster finden können, die nur dir gehören. Möglicherweise musst du dir diese Zeitfenster auch erst zurückerobern, indem du auch mal zu anderen „Nein" sagst.

Ein Nein zu anderen ist oftmals ein JA zu dir selbst.

Verschiebe Verabredungen, lass den Sportkurs sausen oder frag dich, ob der Haushalt nicht auch noch morgen auf dich warten wird oder einfach mal von einer anderen Person übernommen werden kann. Das ist nicht egoistisch! Die Entscheidung für Zeit mit dir selbst ist mitunter lebensverändernd.

> „Es ist nicht zu wenig Zeit, die wir haben,
> es ist zu viel Zeit, die wir nicht nutzen."
> — SENECA —

Wie würde sich dein Leben verändern, wenn du anfängst, einen kleinen Teil deiner täglichen Zeit bewusster zu nutzen?

Dies kann schon mit kleinen Schritten beginnen:

- Trink deine erste Tasse Kaffee/Tee in Ruhe. Gönne dir diese eine Minute des „Ankommens im Tag" und kommuniziere dies auch an deine Mitmenschen (z. B. durch die Bitte: „Gib mir noch eine Minute, ich bin gleich da.")
- Lass dir auf dem Arbeitsweg einfach etwas länger Zeit. Du könntest eine Station früher aussteigen/das Auto weiter weg parken und einen Spaziergang mit dir selbst machen.
- Falls du Teil einer Familie bist: Lass dir Zeit im Bad. Damit meine ich nicht das ausgiebige Beautyprogramm, aber sorge dafür, dass du mindestens zweimal pro Woche die Gelegenheit hast, dich allein und in Ruhe um deinen Körper zu kümmern. Bitte deinen Partner/deine Partnerin um Zeit oder finde ein Zeitfenster, in dem deine Familie unterwegs ist oder schläft.
- Schick deine Familie weg. Lass sie einen Ausflug planen und sei einfach mal nicht dabei. Nutze diese Zeit, um deine Akkus aufzuladen.
- Nimm dir mitten im Jahr einen Tag Urlaub. Einen Tag! Dein Urlaub dient deiner Erholung. Nutze einen Tag davon nur für dich selbst und nicht für Betreuung der Kinder/Eltern, Familienaktivitäten oder Erledigungen.
- Was hast du als Kind gern gemacht? Was hat dir so richtig Freude bereitet? Hast du gern gemalt oder gesungen? Bist du Skateboard gefahren? Mach genau das! Du wirst staunen, welchen Zauber diese Aktivitäten noch immer für dich haben. Hast du

vieleicht ein heimliches Faible für Städte-Trips oder Museen? Großartig! Dann nichts wie los!

- Leg dein Smartphone zur Seite! Hast du vielleicht mit deiner Bildschirm-App schon überprüft, wie viele Minuten du täglich am Smartphone verbringst? Das ist deine Zeit, die du an andere verschenkst. Während du durch deinen Instagram-Feed scrollst und anderen dabei zusiehst, wie sie ihre Me-Time verbringen, vergeudest du Zeit, die eigentlich dir gehören sollte. Nutze diese Zeit lieber für deine eigene Me-Time. So schaffst du dir täglich bestimmt 10 bis 30 Minuten Zeit nur für dich. Hör auf, dich im Leben anderer aufzuhalten, und nutze diese Zeit für dich selbst.

Diese kleinen Schritte kannst du sofort umsetzen und dir damit Momente nur für dich schaffen. Vielleicht hast du beim Lesen auch schon selbst eine Idee gehabt? Sei es dir selbst wert, dir diese Zeit zu nehmen. Erinnere dich daran: Alles beginnt mit dir. Wenn du möchtest, dass andere Menschen gerne Zeit mit dir verbringen, so fängt es bei dir an.

Der einzige Weg, Zeit zu haben, ist, sich Zeit zu nehmen.

Erkenntnis 2 Stelle deine eigenen Bedürfnisse nicht hinter die der anderen.

Vielleicht hast du dich auch schon in einer Situation wiedergefunden, in der du dich über dich selbst geärgert hast, weil du zu etwas „Ja" gesagt hast, obwohl du hättest „Nein" sagen sollen. Denk an deine letzten Wochen und ruf dir ins Gedächtnis, in wie vielen dieser Situationen du dich wiedergefunden hast.

Hier ein paar Beispiele für dich:
- Der späte Feierabend, weil jemand mit einer kurzfristigen Aufgabe kam.
- Du stehst bis spät am Abend in der Küche, weil du natürlich noch den Kuchen für die Party in der Kita backst.
- Der furchtbar langweilige Film im Kino, weil du deiner Freundin einen Gefallen tun wolltest.
- Die verlorene Zeit an der Supermarktkasse, weil du jemandem „mal eben schnell etwas mitbringen" solltest.

Zähle nun selbst auf, in welchen Situationen du JA gesagt hast, obwohl du lieber hättest NEIN sagen sollen.

Ein Nein zu anderen ist oftmals ein JA zu dir.

Erkenntnis 3 Lerne, deine Bedürfnisse zu kommunizieren.

Diese Aufgabe klingt leichter, als sie ist, denn um deine Bedürfnisse zu kommunizieren, musst du sie erst einmal kennen. So viele von uns haben das Gespür für ihre eigenen Bedürfnisse im Laufe ihres Lebens verloren. Du wirst erwachsen und lernst, dich anzupassen. Du lernst, gefällig zu sein und den Erwartungen anderer zu entsprechen. So wandert deine Aufmerksamkeit fast schleichend von deinen eigenen Bedürfnissen zu den Bedürfnissen deiner Mitmenschen. Kinder können das noch hervorragend. Sie können klar und vehement ausdrücken, was sie wollen und was nicht. Sie können deutlich benennen, was ihnen wichtig ist und was sie im jeweiligen Moment brauchen. Kannst du das auch noch? Falls nicht, werde dir wieder klar, was dir persönlich wichtig ist.

Klarheit ist der Schlüssel zum Glück.

Eine vielversprechende Möglichkeit, um herauszufinden, was dir wichtig ist, ist die Auseinandersetzung mit deinen Werten. Hier findest du eine Auflistung unterschiedlicher Werte. Schau sie dir an und entscheide ganz intuitiv, welche Werte DIR wichtig sind.

○ Abenteuer	○ Beharrlichkeit	○ Effizienz
○ Achtsamkeit	○ Beliebtheit	○ Ehrlichkeit
○ Akzeptanz	○ Bescheidenheit	○ Empathie
○ Authentizität	○ Dankbarkeit	○ Entwicklung
○ Balance	○ Disziplin	○ Erfolg

- ○ Fantasie
- ○ Flexibilität
- ○ Freiheit
- ○ Friedfertigkeit
- ○ Fröhlichkeit
- ○ Geduld
- ○ Gelassenheit
- ○ Gerechtigkeit
- ○ Gesundheit
- ○ Glaub-
  würdigkeit
- ○ Großzügigkeit
- ○ Harmonie
- ○ Herzlichkeit
- ○ Hilfsbereitschaft
- ○ Humor
- ○ Intuition
- ○ Kompromiss-
  bereitschaft
- ○ Konstruktivität

- ○ Kreativität
- ○ Kritikfähigkeit
- ○ Leichtigkeit
- ○ Leidenschaft
- ○ Lernbereitschaft
- ○ Liebe
- ○ Loyalität
- ○ Mitgefühl
- ○ Mut
- ○ Nachhaltigkeit
- ○ Nähe
- ○ Neugierde
- ○ Offenheit
- ○ Optimismus
- ○ Ordnung
- ○ Perfektion
- ○ Rationalität
- ○ Realismus
- ○ Respekt
- ○ Sanftmut

- ○ Selbst-
  bestimmung
- ○ Sensibilität
- ○ Sicherheit
- ○ Solidarität
- ○ Spaß
- ○ Spiritualität
- ○ Toleranz
- ○ Tradition
- ○ Transparenz
- ○ Treue
- ○ Unabhängigkeit
- ○ Verantwortung
- ○ Vertrauen
- ○ Weisheit
- ○ Wissen
- ○ Wohlstand
- ○ Wohlwollen
- ○ Zugehörigkeit
- ○ Zuverlässigkeit

Weitere Praxisaufgaben findest du hier:
www.janainavonmoos.com/konigin

Meine Ankunft

Kurz nach meiner Ankunft auf Bali konfrontierte mich das Leben direkt mit den ersten Herausforderungen und Ängsten, denen ich bereits vor meiner Abreise ausgewichen war. Mir wurde keine Verschnaufpause gegönnt. Dennoch habe ich mich dem Ganzen mutig gestellt und meine Angst überwunden.

Bereits das angebliche 4-Sterne-Hotelzimmer war eine Katastrophe. Der Raum stank furchtbar, es gab kein Fenster und überall waren Schimmelflecken zu sehen. Mir war sofort klar, dass ich in dieser Absteige keine einzige Nacht verbringen würde. Ich musste mich also in Denpasar auf die Suche nach einem neuen Zimmer machen – zu einer Zeit, in der fast alle Zimmer ausgebucht waren. Schließlich zeigte man mir in einem anderen Hotel ein wirklich tolles Zimmer. Ich schnappte also mein Gepäck und zog um. Noch total übermüdet und hungrig von der Reise besuchte ich das nahegelegene Restaurant. Die Suppe, die ich mir bestellt hatte, war allerdings so scharf, dass mir der Appetit direkt wieder verging.

   Nachdem der Tag meiner Ankunft so ganz anders verlaufen war, als ich es mir vorgestellt hatte, wollte ich nur noch schlafen. Zurück im Hotel ging der Alptraum allerdings weiter. Ich bekam nicht das Zimmer, das man mir gezeigt hatte, sondern ein anderes. Diesen Raum konnte man nicht einmal abschließen! Es war zu spät und ich war einfach zu erschöpft, um mich um eine Alternative zu kümmern, also musste ich wohl oder übel in diesem

Zimmer die Nacht verbringen. Vielleicht denkst du beim Lesen, dass es doch gar nicht so schlimm ist, wenn ein Zimmer nicht abschließbar ist. Heute kann ich dir selbst nicht mehr genau sagen, wovor ich mich gefürchtet habe. Ich weiß aber noch genau: In diesem Moment war es für mich ein Desaster. Ich kam mir so verloren vor, ganz als wäre ich ein kleines Mädchen in einer großen Welt voller Gefahren, denen es schutzlos ausgeliefert war. Noch nie zuvor hatte ich mich so gefühlt. Ich versuchte also möglichst schnell in den Schlaf zu finden, denn am nächsten Tag erwartete mich ein kleiner Lichtblick. Ich würde golfen gehen.

Nach nur knapp 4 Stunden Schlaf wurde ich am nächsten Morgen geweckt, weil laute Durchsagen andere Touristen dazu aufforderten, sich für einen Ausflug zu ihren Schiffen zu begeben. Meine Vorfreude auf das Golfen war groß und ich hatte einen sympathischen Spielpartner erwischt. Dennoch erinnerte mich meine innere Stimme bei jedem Aufschlag an meinen verlorenen Partner. Wie er mich immer angefeuert, mich korrigiert hatte oder mir riet, langsamer zu schwingen. Zwischen all diesen schmerzhaften Erinnerungen traf mich die nächste Erkenntnis.

Erkenntnis 4 Er ist immer in meinem Kopf, in meinem Herzen, allgegenwärtig!

Mir war klar, dass es so nicht weitergehen konnte. Ich hatte diese weite Reise auf mich genommen, um endlich Distanz zu gewinnen. Wie sollte ich mich selbst wiederfinden, mich entdecken und meine wahre Essenz erkennen, wenn ich weiter pausenlos an meinen Ex-Partner dachte? Ich zog also ein weiteres Mal um, nahm mir ein wunderschönes Hotel in Ubud und machte mich an die Arbeit. Manche mögen es Vergangenheitsbewältigung oder Trennungsbewältigung nennen. Ich nenne es die Reise zurück zu meinem Herzen.

Aufgabe:
Such dir einen ruhigen Ort, einen Ort, der dir Kraft gibt, und formuliere die Antworten auf die folgenden Fragen schriftlich.

- Wer warst du, bevor du in deine letzte Beziehung getreten bist?
- Wonach sehnst du dich?
- Was ist dein Herzenswunsch?
- Wer willst du sein?

Während meiner Zeit auf Bali nahm ich mir viel Zeit zum Lesen und versuchte dadurch, neue Impulse zu bekommen. Unter anderem „begegnete" mir so auch Veit Lindau. Eines seiner Zitate war besonders wegweisend für mich.

„In den dunklen Stunden,
wenn nichts mehr funktioniert,
wenn die, die dir wichtig sind, sich abwenden,
du nicht mehr weißt, wo oben und unten ist:
Wer liebt dich dann?
Wer bist du dann?
Wenn du dich hier findest, wenn du dich
in solchen Momenten liebevoll halten kannst,
dann bist du frei."

— VEIT LINDAU —

Erkenntnis 5 Du musst nach Ursachen forschen – suche nach den Gründen für deine Situation.

Wie im Zitat von Veit Lindau war ich definitiv in meinen dunklen Stunden angelangt. Nun kam ich nicht mehr umhin, mich den Ursachen dafür zu stellen. Dir, liebe Königin, möchte ich dies auch raten. Finde heraus, wo du gerade stehst und warum du dich gerade dort befindest.

Aufgabe:
Beantworte auch folgende Fragen schriftlich.

* Wie lange steckst du schon in dieser Dunkelheit drin?
* Wie hat sich das abgezeichnet?
* Was hat dazu geführt?
* Wie soll deine Reise weitergehen?

Das Buch „5 Dinge, die Sterbende am meisten bereuen" *(Bronnie Ware)* hatte mir bereits zuhause wertvolle Kenntnisse gegeben. Ich hatte schon viele der Lektionen umgesetzt, zwei Aufgaben hatte ich bisher aber ausgelassen:
* Du musst dir selbst treu bleiben.
* Sprich offen über deine Gefühle, versteck dich nicht.

Während ich mich bemühte, diese vergangene Beziehung zu verarbeiten, fiel mir auf: Ich hatte diese Punkte auch gegenüber meinem Partner nicht (mehr) beherzigt. Ich war mir nicht treu geblieben. Wann hatte ich eigentlich angefangen, meine Sorgen und Ängste auch nicht mehr mit meinem Partner zu teilen? Wann und vor allen Dingen warum hatte ich mich verschlossen?

Heute weiß ich, es war:
- Die Angst davor, schwach zu sein.
- Die Angst davor, zu versagen.
- Die Angst davor, nicht gut genug zu sein.
- Die Angst davor, ausgelacht zu werden.
- Die Angst davor, diejenige zu sein, die immer die Probleme in die Beziehung bringt.
- Die Angst davor, meinen Partner zu verlieren und abzuschrecken.

Welches sind deine Ängste, die du noch versteckst? Wo darfst du dich öffnen und dich ganz zeigen?

Meine wohl größte Sorge war die Angst, immer neue Probleme mit in die Beziehung zu bringen und somit selbst zur Belastung zu werden. Ich hatte mich selbst gut im Griff, konnte vieles steuern – mit Ausnahme meines Umfelds. So wurden unter anderem die Krankheit meines Vaters oder die Alkoholsucht meiner Mutter zu Faktoren, die unsere Beziehung beschwerten, ohne dass ich etwas dagegen hätte tun können.
Vielleicht kennst du das auch?

Erkenntnis 6 Angst ist nie ein guter Ratgeber im Leben.

Wohin hatte mich meine Angst geführt? Genau dorthin, wo ich nie hinwollte.

> „Manchmal ist die Angst vor der Angst größer als die Angst selbst."
>
> — VERFASSER UNBEKANNT —

Mein Partner und ich hatten uns nicht nur weit von unserem gegenseitigen Vertrauen entfernt. Noch viel schlimmer: Meine Angst hatte mich weit, viel zu weit von mir selbst entfernt.

Nun saß ich also auf Bali und versuchte, das Beste aus der Situation zu machen. Nachdem ich es geschafft hatte, die erste Angst, das Gefühl des Verloren-Seins, zu überwinden, ging es mir schon wesentlich besser. Mir war klar, dass ich diese Reise angetreten hatte, um aus meinen Fehlern zu lernen, und nicht, um sie zu wiederholen. Ich hatte mir vorgenommen, an dieser schmerzhaften Situation zu wachsen. Ich wollte gestärkt daraus hervorgehen.

Im Jahr 2016 hatte ich alles Mögliche unternommen, um die perfekte Partnerin zu sein. Akribisch achtete ich auf den Haushalt, kochte frisch und richtete die Mahlzeiten liebevoll an. Ich vermied jeden Streit und war (um des lieben Friedens willen) auch immer einsichtig. Unangenehme Themen brachte ich nicht zur Sprache und gab mein Bestes, jedem noch so kleinen Konflikt aus dem Weg zu gehen. Ich präsentierte mich als unternehmungslustig, selbst wenn ich lieber faul zu Hause geblieben wäre. Ich ließ mich sogar auf Sex ein, auf den ich gar keine Lust hatte.

Auf Bali fiel es mir wie Schuppen von den Augen: Vor lauter Angst hatte ich es geschafft, mich komplett selbst zu verleugnen. Die Person, die ich geworden war, war nur noch eine schlechte Kopie von mir und so verdammt anstrengend. Das war nicht mehr ich und das ständige Verbiegen kostete mich unendlich viel Kraft.

Schon in unserer ersten Krise dachte ich, dass, wenn mein Partner bemerken würde, wie positiv ich mich entwickelt hatte, wenn er merken würde, was für eine tolle Frau ich war, wir uns nicht weiter verlieren würden. Statt ihn erneut zu gewinnen, habe ich aber noch jemanden verloren: mich selbst.

Ich hatte mich selbst verloren beim Versuch darin, meinen Partner zu halten.

„Verliere das, was verloren werden muss,
um das zu finden, was gefunden werden will."

— VERFASSER UNBEKANNT —

Erkenntnis 7 Selbstverleugnung zerstört nicht nur dich selbst.

Ich musste mir also eingestehen, dass ich mit zunehmender Angst mich selbst mehr und mehr verleugnet hatte. Mit dieser Verleugnung hatte ich aber nicht nur mich selbst, sondern auch die Magie unserer Beziehung zerstört. Wie sieht es bei dir aus, liebe Königin?

- Wie oft hast du dich verstellt, um deinem Partner zu gefallen?
- Wie hast du dich dabei gefühlt?
- Wann hast du dich dabei selbst verloren?

Dass ich mich selbst völlig verloren hatte, war eine bittere Erkenntnis für mich, aus der es nur einen Ausweg gab: Ich musste meinen Partner loslassen. Endgültig. Eigentlich liegt es nicht in meinem Naturell, einfach aufzugeben. In diesem Fall war es aber dringend notwendig. Ich musste uns aufgeben, um mich selbst wiederzufinden. Das endgültige „Nein" zu dieser Beziehung war das längst überfällige „Ja" zu mir selbst.

> „Manchmal müssen wir uns selbst verlieren,
> bevor wir uns wieder selbst finden."
> — VERFASSER UNBEKANNT —

Erkenntnis 8 Das Problem ist nicht wenig Sex, sondern wenig Kommunikation.

Ein wichtiges Datum während dieser Reise weg von meinem Partner und hin zu mir selbst war im November 2016. Zu diesem Zeitpunkt lebten wir bereits getrennt, aber mein Partner oder „Ex-Partner", wie auch immer man ihn in dieser Zwischenphase bezeichnen möchte, kam noch mal nach Hause. Er wollte nur ein paar persönliche Dinge abholen, wollte aber plötzlich Nähe ... und Sex. Natürlich war es eine Bestätigung für mich, dass er mich offensichtlich noch attraktiv und begehrenswert fand. Dennoch war diese Situation ein Rückschritt für mich, denn mein Gedankenkarussell nahm sofort wieder Fahrt auf und ich fand mich in Wünschen und Hoffnungen wieder, die ich schon längst aufgegeben hatte.

Das Gefühl, begehrt zu werden, schmeichelte mir zwar, es lieferte mir aber auch eine weitere wichtige Erkenntnis: Sex ist nicht das Problem. Viele Paare nehmen dies zwar an, aber oft geht es um ganz andere Themen. Es ist nicht die physische Anziehung, die fehlt. Es ist oft einfach die Tatsache, dass wir beginnen, uns zu verstecken, zu verstellen. Wir sind nicht mehr offen unserem Partner gegenüber, sondern verschließen uns immer mehr. Wie soll dein Gegenüber dich entdecken, erfahren und wirklich mit dir sein können, wenn du auf Abstand gehst und dich zurückziehst?

Diese Trennungsphase war hart für mich, denn sie verlief nicht linear. Es war kein Prozess, der beginnt und nach einiger Zeit sicher endet. Es war ein Vor und ein Zurück – immer wieder. Ich erlebte einige Ups und Downs, auch wegen meines Partners, der selbst sehr unklar und wankelmütig war. Selbst während dieser Auszeit, deren Ausgang uns wohl beiden klar war, verhielt er sich so widersprüchlich. Kaum hatte ich mich etwas distanziert, hörte ich Aussagen wie

- „Ich habe uns noch nicht aufgegeben."
- „Ich habe immer noch Hoffnung."
- „Meine Gefühle für dich sind noch sehr stark."
- „Endlich habe ich mal den Kopf leer gekriegt und weiß, wie es weitergehen soll."
- „Du hast es auch nicht immer einfach mit mir."
- „Ich kann mir vorstellen, wieder zurück in unsere Heimat zu ziehen."
- „Solche Momente möchte ich mit dir teilen."
- „Ich bin froh, dass wir unsere gemeinsame Wohnung noch nicht aufgelöst haben."
- „Ich werde in der Wohnung sein, wenn du von deiner Reise nach Hause kommst."

Nun saß ich also auf Bali, und all seine Aussagen machten die Situation für mich nicht leichter. Ich konnte mir gar nicht vorstellen, wie es sein würde, nach Hause zu kommen. Ich konnte aber auch gar nicht benennen, wie ich es mir eigentlich wünschte. Würde er tatsächlich in der Wohnung auf mich warten, so wie er es gesagt hatte? Konnte ich mich darauf verlassen? Wollte ich das überhaupt? Auch seine Textnachricht zu meinem Geburtstag gab mir erneut Grund zur Hoffnung. Beim Abschied hat er mir eine lange Umarmung und einen Kuss auf die Stirn gegeben – obwohl wir bereits getrennt waren. Für mich waren das alles Indizien, dass unsere Liebe noch nicht ganz verloren war.

Auf der anderen Seite gab es neben diesen Sätzen und Gesten voller Zuneigung auch sehr sachliche und distanzierte Textnachrichten. Manchmal herrschte über Tage Funkstille. Keine seiner Äußerungen ließ auf seine Emotionen oder Gedanken schließen. Das verunsicherte mich sehr.

Das Spiel aus Nähe und Distanz kann unheimlich sexy sein, wenn du es gekonnt anwenden kannst. Damals beherrschte ich dieses Spiel noch nicht, denn ich hatte meinen Platz als Königin noch nicht eingenommen. Eine Königin beherrscht dieses Spiel gekonnt. Also lerne und setze deine Erfahrung um.

Erkenntnis 9 Jeder muss sich seiner Angst selbst stellen.

Ich hatte meinem Partner auch in der schweren Phase unserer Beziehung immer mein Versprechen, zu ihm zu stehen, gegeben. Unzählige Male habe ich ihm gesagt, dass wir es schaffen würden, diese Krise hinter uns zu lassen. Er ging damals nicht darauf ein. Heute verstehe ich, warum. Mehrmals hatte er geäußert, dass er Angst hätte, es wäre schon zu viel kaputt gegangen. Es war seine Angst, die ihn zurückhielt. Er hatte Angst, sich weiter auf unsere Beziehung einzulassen. Er hatte Angst, einen weiteren Versuch zu wagen, weil die Chance bestand, zu scheitern. Er war nicht (mehr) bereit, für uns dieses Risiko einzugehen.

Du weißt: Jeder kann sich seiner Angst nur selbst stellen. Du hast eigentlich gar keine Angst davor, der Wahrheit ins Auge zu blicken. Du hast lediglich Angst davor, dass dir die Wahrheit nicht gefällt. Und genau das ist es, was so viele davon abhält, sich der Angst zu stellen. Die Erwartung, wie etwas zu sein hat nach unseren Vorstellungen, ist das, was uns am meisten zurückhält. Was passiert aber, wenn du dich von deinen Erwartungen löst? Was geschieht wohl, wenn du eine Sache neutral beobachtest? Nicht als Teilnehmerin der Situation, sondern als Beobachterin aus der Vogelperspektive. Sieht alles dann nicht komplett anders aus?

Ob es mein Ex-Partner inzwischen geschafft hat, sich seiner Angst zu stellen, weiß ich nicht. Was ich aber sicher weiß: Ich habe es geschafft, mich meiner Angst zu stellen. Und ich schaffe es immer wieder. Dabei hat mir der Tapetenwechsel besonders geholfen. Ich weiß nicht, ob es mir in meinen vier Wänden mit dem Alltag und dem gewohnten Umfeld so gut gelungen wäre. Manchmal kann man auf neutralem Boden besser eine wichtige Entscheidung treffen. In vielen Aspekten ist es hilfreich, ein wenig Abstand zu gewinnen, um eine neue Sichtweise einnehmen zu können.

Meine liebe Königin, wie ist es bei dir? Hast du schon damit begonnen? Wie begegnest du deiner Angst? Ich weiß, dass es schmerzhaft ist, genau dort hinzuschauen. Glaube mir: Wenn du einmal beginnst, „aufzuräumen", wird sich so vieles für dich verbessern. Du wirst befreiter sein. Also: einmal „Augen zu und durch".

Du weißt es selbst – es gibt verschiedene Wege, seiner Angst zu begegnen. Ich vergleiche diesen Vorgang gern mit dem Abziehen eines Pflasters. Entweder du zupfst sehr vorsichtig und es wird über längere Zeit und bei jedem kleinem Härchen ein wenig schmerzen, oder du ziehst einmal richtig schnell und mit einem Ruck dein Pflaster ab. Das schmerzt mehr, aber nur kurz, dann ist es verschwunden. Genau so gehe ich mit meinen Ängsten um. Ich tanze nicht lange um sie herum, sondern stürze mich direkt hinein. Natürlich ist mir bewusst, dass es eine „Hauruck-Methode" ist, aber so hört die Belastung und mein Leiden schnell auf.

Ich muss meine Ängste dadurch nicht jeden Tag aufs Neue schultern, sondern bin sie nach kurzer Zeit endgültig los. Egal, welchen Weg du wählst – entscheide dich und stelle dich deinen Ängsten.

> „Stelle dich deiner größten Angst
> und du wirst deinen größten Durchbruch erzielen."
> —— VERFASSER UNBEKANNT ——

Erkenntnis 10 Stelle dich deiner Angst, oder sie blockiert dir den Weg.

Wann, liebe Königin, möchtest du dich deiner Angst stellen?

Meine Ängste, denen ich lange Zeit ausgewichen war, wurden mir vom Schicksal als eine direkte Ohrfeige geschickt. Genau die Dinge, vor denen ich mich fürchtete, traten ein:

- Auf keinen Fall wollte ich mit 30 Jahren noch (oder wieder) Single sein. Diese Vorstellung erweckte in mir das Gefühl, wertlos zu sein und versagt zu haben.
- Ich wollte auf keinen Fall ein weiteres Mal betrogen werden. Das hatte ich bereits zwei Male erlebt und es sollte mir bloß nicht noch einmal passieren.

Nun fand ich mich in genau dieser Situation wieder, die ich so sehr vermeiden wollte. Es gab keine Chance mehr auszuweichen. Die Tatsachen waren nicht zu ändern. Ich war eine 30-jährige Single-Frau. Ich war Single, weil ich ein drittes Mal betrogen worden war. Nun lag es an mir, damit umzugehen, mich konkret mit der Situation auseinanderzusetzen und mich meinen Gefühlen zu stellen.

Angst ist ein wichtiger menschlicher Reflex, aber ein schlechter Ratgeber, wenn du im Leben ernsthaft etwas verändern und weiterkommen willst.

Erkenntnis 11 Je mehr du deiner Angst ausweichst, desto stärker manifestiert sie sich.

Wenn du dich jetzt fragst, warum ich vor diesem Zustand, Single zu sein, so große Angst hatte, kann ich es dir nicht klar sagen. Heute denke ich, es war meine gefühlte gesellschaftliche Erwartung. Diese Erwartung lautete: „Mit 30 Jahren hast du deine Ausbildung abgeschlossen, bist glücklich verheiratet und hast eine kleine Familie gegründet." Dies war das einzig gängige Bild, das ich damals kannte. Eine Heirat mit 40, ein glückliches Single-Dasein, eine lebenslange Ausbildung – all das hatte ich nicht auf dem Schirm. Natürlich hatte ich mit meiner frühen Selbstständigkeit einen etwas ungewöhnlichen Weg eingeschlagen. Eigentlich rechnete ich aber damit, dass dies sich positiv auf meine Lebensplanung auswirken würde. Heute muss ich über meinen Plan schmunzeln, denn ich landete genau dort, wo ich nicht hinwollte. Ich hatte keinen Partner, an eine Heirat oder sogar die Gründung einer Familie war damit in absehbarer Zeit nicht zu denken.

Mit dem nötigen zeitlichen Abstand verstehe ich besser, wie es dazu kommen konnte. Ist dir das „Gesetz der Anziehung" bekannt? Es besagt, dass immer das eintritt, worauf man seinen Fokus richtet. Unsere Gedanken, Gefühle und Emotionen erzeugen Schwingungen, die eben genau diese Frequenzen anziehen. Mit meiner größten Angst, die Teil meiner Emotionen und Gefühle war, habe ich exakt diese Befürchtungen magisch angezogen. Es musste so kommen. Wäre ich der festen Überzeugung gewesen, dass ich mit diesem Mann eine glückliche Beziehung und später eine Familie haben würde, wäre genau das eingetreten. Wir wissen allerdings beide, wie die Geschichte endete.

Wie stehst du zum Gesetz der Anziehung und wo liegt der Fokus deiner Gedanken? Bist du in der Angst vor Verlust? Bist du im Mangel oder bist du in der Zuversicht, im festen Glauben, dass alles gut wird? Positive Gedanken erzeugen eine positive Realität. Heute habe ich das Gesetz der Anziehung fest in mein Leben integriert und bin immer wieder sprachlos, welche Kraft es hat. Wenn auch du mehr darüber erfahren möchtest, empfehle ich dir die Bücher „Bestellungen beim Universum" *(Bärbel Mohr)* oder „The Secret – Das Geheimnis" *(Rhonda Byrne).*

Ich erinnere mich noch, als ich nach der Trennung auf Wohnungssuche war und mir die Wohnung meiner Freundin Miriam angeschaut hatte. Sie war schon immer ein Vorbild für mich gewesen. Gerade hatte sie sich ihren Traummann manifestiert und ihn natürlich auch gefunden. Sie gab ihre Wohnung auf, um mit ihm in ein gemeinsames Nest zu ziehen. Ich stand nun also mit verheulten Augen in ihrer Wohnung und sie fragte mich, wie es zu der Trennung gekommen sei. Natürlich erzählte ich ihr, dass ich ein weiteres Mal betrogen worden war. Was mich aber nahezu schockierte, war ihre Reaktion. Von Miriam hatte ich erwartet, dass sie mich bemitleiden und in die Schimpftiraden auf meinen Ex-Partner mit einsteigen würde. Sie aber fragte: „Was hat das mit dir zu tun?" Ich traute meinen Ohren nicht. Hatte sie, meine

Freundin, mir wirklich diese Frage gestellt? Die Frage nach meiner Schuld an der ganzen Misere? Ich war völlig vor den Kopf gestoßen. Es war doch total offensichtlich, dass die Trennung seine Schuld war. Schließlich hatte er mich betrogen.

Damals konnte ich Miriams Herangehensweise absolut nicht verstehen. Rückblickend bin ich ihr sehr dankbar. Sie war mir eine gute, ehrliche Freundin, die mich eben nicht in der Opferhaltung verweilen ließ. Statt mir emotional das Ego zu streicheln, stellte sie mich mit ihrer Frage vor eine echte Herausforderung. Diese Frage, so schmerzhaft sie auch war, hat mich wachgerüttelt. Für mich war diese Frage ein regelrechter Game Changer, denn sie hat mir die Augen geöffnet.

Liebe Königin, was ich dir noch mitgeben möchte: Egal, wie schmerzhaft die Situation ist, in der du dich gerade befindest, egal, wie groß deine Angst ist – du wirst das überleben. Das weiß ich! Also fasse dir ein Herz und stell dich deinen Ängsten. Diese „Angstwand", die mir da manchmal gegenüber stand, nenne ich heute gern „meine Terrorbarriere". Vertrau mir, wenn du deine persönliche Terrorbarriere überwunden hast, wirst du aufsteigen wie Phönix aus der Asche. So ging es auch mir. Ich stellte mich meinen Ängsten und ging durch sie hindurch. In manchen Augenblicken habe ich zwar mit mir gehadert, aber letztlich konnte ich von da an positiv in meine Zukunft blicken. Ich werde nie vergessen, wie ich mich gefühlt habe, nachdem ich diesen ganzen Ballast endlich abgeworfen hatte. Natürlich war ich gefühlt 20 kg leichter, fühlte mich befreit und energiegeladen. Tief in mir drin hatte ich aber auch die leise Gewissheit, dass ich in meinem neuen Ich, in meiner göttlichen Vision angekommen war.

Auch wenn du diesen Zustand erreicht hast, wirst du noch weiter Krisen zu bewältigen haben. Dein Leben ist nicht plötzlich rosarot und frei von Hindernissen. Die Frage ist aber, WIE du ihnen begegnest. Wenn du diesen Schritt einmal gegangen bist, wirst du deinen Ängsten und Befürchtungen in Zukunft anders entgegentreten können. Erstens hast du die Gewissheit, dass du so eine Situation schon einmal bewältigt hast. Zweitens wirst du dich zu diesem Zeitpunkt in der Zukunft besser kennengelernt haben. Du wirst deine Bedürfnisse benennen können, du wirst wissen, wenn du aus dem Gleichgewicht gerätst. Du wirst also in der Lage sein, auch Alarmsignale frühzeitiger zu erkennen.

Nachdem es mir also besser ging, habe ich mir ein sehr klares Bild meiner Zukunft erschaffen. Ich wollte ein Leben ohne Reue führen. Ich wollte am Ende meines Lebens sagen können: „Janaina, das hast du gut gemacht. Du hast dein Leben geführt. DEIN Leben – und nicht das der anderen." Der Grund für diese Vision war eine konkrete Begegnung, die ich wohl ewig in mir tragen werde. Als ich von meiner Reise zurückgekehrt war, musste ich einen Freund meiner Mutter, Roger, im Krankenhaus besuchen. Bis dahin hatte ich immer einen großen Bogen um die Themen Tod und Sterblichkeit gemacht. Anscheinend musste es aber so sein, dass sie mir in und mit Roger begegnen sollten. Von einer neuen Seite. Ich erlebte, wie ein Lebensende auch voller Dankbarkeit und Zufriedenheit erlebt werden kann. Als ich ihn also besuchte, fragte mich Roger, wie es mir und meinem Partner gehen würde. Mir kamen die Tränen. Ich musste dieses eine, dieses letzte Mal vor Roger noch weinen, und dann war ich komplett befreit. Von ihm wollte ich wissen, wie er mit der Gewissheit umgehen würde, dass ihm nur noch wenig Zeit blieb. Er antwortete: „Weißt du, Janaina, ich hatte so ein tolles Leben. Ich habe alles gemacht, was ich machen wollte. Ich habe die Welt gesehen, ich habe zwei wundervolle Kinder, ich hatte Sex, so viel und mit wem ich wollte, und ich habe alle erdenklichen Drogen ausprobiert. Ich hatte Spaß und bereue nichts. Wenn es jetzt Zeit ist zu gehen, dann ist das für mich okay."

Was für ein Augenöffner! Genau so wollte ich auch mal gehen können. Roger schenkte mir mit dieser Begegnung eine Vision. Eine Vision davon, wie ich mich am Ende meines Lebens fühlen wollte. Von da an war diese unglückliche Partnerschaft für mich passé. Keine Tränen mehr, nur pure Freude und Dankbarkeit. Ich war Roger so dankbar für diese Erkenntnis, denn ich hatte ja mein ganzes Leben noch vor mir und würde es von nun an in vollen Zügen genießen.

Um dieses Ziel erreichen zu können, habe ich mich den drei großen Fragen gestellt:

- Wer bin ich?
- Was will ich?
- Was macht mich glücklich?

Liebe Königin, ich möchte dich einladen, dir ebenfalls diese Fragen zu stellen. Genau jetzt. Schnapp dir ein leeres Blatt Papier und beginne zu schreiben. Vielleicht wird dein Kopf leer sein, vielleicht bist du nicht zufrieden mit deinen ersten Antworten. Es können dabei sogar Tränen fließen. Das alles darf sein! Es ist ein Prozess, die Antworten auf diese Fragen zu finden. Es ist ein Prozess, zu dem du immer wieder zurückkehren solltest, denn dieser Prozess stärkt dich. Er gibt dir Liebe, Hoffnung, Transformation und lässt dich selbstwirksam werden.

Erkenntnis 12 Zuerst musst du dich selbst lieben!

Liebe Königin, auch wenn du es sicher schon unzählige Male gehört hast: Bevor du andere lieben kannst, musst du zuerst dich selbst lieben. Du bist an dem Punkt, an dem du gerade stehst, auch weil du dich selbst vernachlässigt hast. Du hast aufgehört, deiner inneren Stimme zu folgen und deinen Bedürfnissen nachzugehen. Genau das darfst du jetzt wieder aufnehmen.

Ich erinnere mich noch gut, dass mein Ex-Partner mir mehrmals täglich sagte, wie sehr er mich liebte. Damit konnte ich gar nicht umgehen. Da ich selbst voller Komplexe und Selbstzweifel war, war Liebe in dieser Intensität für mich nicht vorstellbar. Ich glaubte nicht daran, dass mich jemand so lieben konnte. Ist das nicht traurig? Ich fühlte mich so minderwertig. Heute weiß ich, dass ich schon damals die Traumfrau war, die ich heute auch endlich selbst sehen und anerkennen kann. Ich war und bin eine Königin.

Liebe Königin, kannst du das von dir auch sagen? Versuch es doch mal! Wie bist du? Wer bist du? Ergänze die folgende Liste.

Ich bin...

- ○ intelligent
- ○ hübsch
- ○ attraktiv
- ○ sexy
- ○ sympathisch

- ○ witzig
- ○ humorvoll
- ○ zärtlich
- ○ kuschelig
- ○ häuslich

- Familienmensch
- aufgeweckt
- treu
- loyal
- lebensfroh
- unkompliziert
- zuverlässig
- motiviert
- selbstständig
- lieb
- unternehmerisch
- unternehmenslustig
- spontan
- lernbereit
- dankbar
- respektvoll
- nicht nachtragend
- lebensfroh
- ehrgeizig
- lösungsorientiert
- offen
- empathisch
- verführerisch
- sinnlich
- genussvoll

- ehrlich
- zukunftsorientiert
- vielseitig
- reflektiert
- gesund
- innovativ
- selbstbewusst
- großzügig
- charmant
- lasziv

- _____
- _____
- _____
- _____
- _____
- _____
- _____
- _____
- _____
- _____

Liebe Königin, ich hoffe, du hast die Liste für dich selbst ergänzt. Wie fühlst du dich jetzt? Ich weiß, dass es für die meisten Frauen keine einfache Übung ist, sich selbst so positive Attribute zuzuschreiben. Je öfter du es tust, desto leichter wird es, glaube mir.

Diese Liste spiegelt viele verschiedene Facetten deines Selbst wider. Mach dir keinen Druck. Vielleicht kommen sie nicht alle an jedem Tag zum Vorschein. Mit Sicherheit wird es auch weiterhin Tage geben, an denen du dich alles andere als königlich fühlst. Lass dich davon nicht entmutigen. Auch mir gelingt es nicht jeden Tag – aber es glückt mir jeden Tag besser.

> „Sich selbst zu lieben ist der Beginn
> einer lebenslangen Romanze."
> — OSCAR WILDE —

Erkenntnis 13 Selbstmitleid ist nicht attraktiv und absolut nicht sexy.

Auch wenn du dich gerade in einer schwierigen Situation befindest – gib dich nicht dem Selbstmitleid hin! Es ist okay, wenn du dich schlecht fühlst. Es ist okay, wenn die aktuelle Situation gerade schmerzhaft ist. Es ist aber nicht okay, im Selbstmitleid zu zerfließen. Selbstmitleid ist anstrengend. Selbstmitleid zieht dich dauerhaft runter und raubt Energie. Nicht nur deine eigene. Warst du schon einmal in Gesellschaft einer Person unterwegs, die vieles negativ beurteilt und die Schuld dafür nur im Außen sucht? „Immer stehe ich an der langsamen Kasse!", „Mit diesem Missgeschick will mich mein Partner ärgern", „Ich habe einen miesen Job, weil ich wegen der Kinder nie eine Chance hatte, Karriere zu machen".

Merkst du selbst, welche Energie solche Sätze ausstrahlen? Sie liefern keine Perspektive. Die Person, die sich so äußert, sieht sich selbst als Opfer und macht sich so zum Opfer. Sie macht sich zu einer Person, die der Situation schutzlos ausgeliefert ist, die hilflos und machtlos ist. Das ist alles andere als attraktiv. Selbstmitleid ist schlicht und ergreifend ein echter „Abtörner".

Natürlich wird jeder Partner solche Phasen zeitweise ertragen, aber auf Dauer ist eine solche Haltung Gift für eine Beziehung und auch für dich selbst.

Wenn du also merkst, dass du selbst gerade drohst, im Selbstmitleid zu versinken, sprich mit Freunden darüber – oder mit dir selbst. Egal, was du tust, Hauptsache du tust überhaupt irgendetwas. Werde aktiv, um selbst wieder Herrin der Lage zu werden.

Nur wenn du aktiv bist, kannst du die Situation verändern und sie letztlich meistern. Raus aus dem MIMIMI!

Menschen mit Selbstmitleid sind „needy" – und Needyness ist total unsexy.

Erkenntnis 14 Selbstmitleid drängt dich in die Opferrolle.

Liebe Königin, ich kann dir einen solch vehementen Ratschlag natürlich nur geben, weil ich so eine Situation selbst durchgemacht habe. Auch ich habe mich ausgiebig in meiner Opferrolle gesuhlt. Es war so schön bequem, nur meinem Partner die Schuld zu geben. Spätestens die Frage meiner Freundin Miriam brachte mich da auf eine unangenehme, aber ehrliche Fährte. Es war in Thailand, als ich beschloss, meine Opferrolle endlich abzulegen. Seither arbeite ich jeden Tag daran, auf eine authentische Art und Weise glücklich, selbstbewusst und gelassen zu leben.

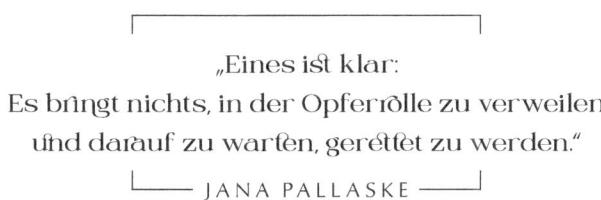

„Eines ist klar:
Es bringt nichts, in der Opferrolle zu verweilen
und darauf zu warten, gerettet zu werden."

— JANA PALLASKE —

Hier ein paar Strategien für dich, um deine Opferrolle loszuwerden:

- Um aus deiner Opferrolle auszusteigen, musst du dich ihrer erst einmal bewusst werden. Bitte andere Menschen darum, dich zu spiegeln. Lass dir erzählen, ehrlich und ungeschönt, wie sie dich in dieser Situation erleben.
- Versuche, von außen auf dich zu blicken. Wenn du jemand wärst, der dich jetzt, in diesem Moment, kennenlernt: Wie

würdest du dich von außen beschreiben, wenn du ganz, ganz ehrlich bist?

- Auch wenn es schmerzt – versuche, die Perspektive der Person einzunehmen, der du gerade die Schuld gibst. Wie könnte diese Person auf die Situation blicken? Wo gibt sie vielleicht auch dir die Schuld? Wo liegt dein Anteil, dass die Situation so ist, wie sie jetzt gerade ist?
- Achte auf Äußerungen des Selbstmitleids bei anderen. Welche Sätze sagen sie? Sammle diese Sätze. So erkennst du, wenn deine innere Stimme dieselben Sätze verwendet.
- Wenn du voller Gefühle bist, fang an zu schreiben! Lass deine Gedanken völlig wertfrei fließen. Lies dir deine Zeilen ein paar Tage später durch und betrachte sie von außen. Schreibt hier jemand, der aktiv, oder jemand, der passiv ist?
- Reflektiere! Wenn du selbst noch nicht geübt darin bist, dich und deine Handlungen von außen zu betrachten, bitte deine Vertrauten darum. Frage sie nach ihrer ungeschönten (!) Meinung, wie du mit der Situation umgehst.
- Arbeite mit Coaches oder Mentoren. Wenn du aus der Opferrolle nicht allein herausfindest, lass dir helfen. Auch ich habe viele Coachings in Anspruch genommen und kann dir sagen, dass es kaum einen schnelleren und effektiveren Weg gibt, deine Themen zu bearbeiten. In dieser konkreten Situation habe ich mir damals auch Hilfe von Coaches geholt und mit ihnen zu den Themen Mindset und Selbstliebe gearbeitet. Auf Bali habe

ich auch mit Yoga und Meditation angefangen. Ich habe mich wieder auf eine gesündere Ernährung konzentriert und wieder vermehrt die Inhalte meiner Health-Coaching-Ausbildung umgesetzt, die ich zwar gelernt, aber zwischendurch sehr vernachlässigt hatte.

- Beginne, in Lösungen zu denken. Ich habe einmal ein Seminar des Speakers Jens Corssen besucht und er lieferte mir einen spannenden Ansatz. Er sagte: „Für jedes Problem gibt es immer acht Lösungen." Die Idee dahinter ist, dass du dir auch völlig abwegige, ungewöhnliche oder nicht durchführbare Lösungen ausdenkst. Die Hauptsache ist, dass du lernst, dich auf die Lösung statt auf das Problem zu fokussieren. Nimm diese Übung mit in deinen Alltag. Du wirst immer geübter darin werden, kreative Lösungen zu finden, und du wirst es immer öfter schaffen, auch wirklich acht Lösungen aufzuzählen. Wenn du dieses Prinzip einmal verinnerlicht hast, wird es dir nicht mehr schwerfallen, deine Opferrolle zu verlassen, weil du dir selbst Perspektiven geschaffen hast.

Und so kannst du gleich starten:

> „Ich bin nicht länger das Ergebnis
> meiner Lebensumstände. Ich bin das
> Ergebnis meiner Entscheidungen."
>
> ——— STEPHEN COVEY ———

Weißt du, was das Beste daran ist? Meine Lebensqualität hat sich erheblich gesteigert. Ich fühle mich so lebendig wie nie zuvor. Ich strotze vor Energie und voller Ideen. Diese Veränderung habe ich aber nicht nur innerlich erlebt. Du weißt, ich bin Unternehmerin, und diese Veränderung hat sich massiv auf meine Umsatzzahlen ausgewirkt. Nachdem ich mit meiner Auszeit auf Bali und Thailand diese Talsohle durchschritten hatte, ging es in jeglicher Hinsicht nur noch bergauf. Ich konnte meinen Umsatz jedes Jahr steigern und mein Business expandierte.

Ich möchte also auch dich einladen, die Opferrolle zu verlassen. Ein paar Tools dazu hast du bereits an der Hand, jetzt musst du nur noch an die Umsetzung gehen. Fang endlich an, die beste Version deiner selbst zu leben. Lass dich auf die Überraschungen ein, die das Leben noch für dich parat hat. Glaub mir, es wird großartig. Hör also auf, darüber nachzudenken, was du nicht willst, sondern frage dich, was du eigentlich willst – und dann steh dafür ein.

Ich habe dir diese Frage ja bereits etwas weiter vorne im Buch gestellt. Wie hast du sie für dich beantwortet?

Erinnere dich daran:
Klarheit ist der Schlüssel zum Glück.

In der folgenden Aufzählung findest du meine Antworten. Findest du dich darin wieder? Ergänze und verändere diese Liste so, dass sie zu dir passt.

Meine Antwort lautete so:

Was will ich?
- Ich will eine glückliche, ehrliche und harmonische Partnerschaft führen.
- Ich will gesunde und gut erzogene Kinder.
- Ich will einen Job, den ich gern ausübe und am liebsten von zu Hause aus erledigen kann.
- Ich will Zeit für Freunde und Familie.
- Ich will Gesundheit.
- Ich will Klavier spielen.
- Ich will Golf spielen.
- Ich will eine gute Work-Life-Balance.
- Ich noch mehr Spaß und Flow.
- Ich will neue Länder und andere Kulturen kennenlernen.

- Ich will eine gute Mama sein.
- Ich will die Welt sehen.

- _____
- _____
- _____
- _____
- _____
- _____
- _____
- _____
- _____
- _____

Wie viele Punkte stehen auf deiner persönlichen Liste? Sicher sind es viele. Lass dich davon nicht verunsichern. Ich kann dir bestätigen, dass alles möglich ist. Alles. Ich habe meine Liste und meine Antworten auf Bali geschrieben, kurz nach meiner Trennung. Ich hatte nicht nur eine Liste, wie mein Leben ab diesem Zeitpunkt sein sollte und wie ich als Mensch sein wollte, sondern ich hatte auch eine sehr lange Liste, wie mein zukünftiger Partner zu sein hatte. Heute bin ich glücklich verheiratet. Ich kann sogar sagen, ich habe meinen Seelenpartner gefunden. Ich habe mit ihm eine Familie gegründet und bin heute stolze Mama. Weißt du, wann ich diesen Mann getroffen habe? Ich habe ihn nur 78 Tage nach meiner Rückkehr aus Südostasien kennengelernt.

Was mir dabei geholfen hat, war meine Klarheit. Ich war nicht mehr bereit, faule Kompromisse einzugehen.

Aber jetzt soll es erst einmal nur um dich gehen, liebe Königin.

Teil 2

Selbstverantwortung

Erkenntnis 15 Ich bin für alles in meinem Leben selbst verantwortlich.

Liebe Königin, ich möchte dich bitten, dir diese Erkenntnis genau einzuprägen. Auch wenn es sich erst einmal beängstigend anfühlen mag, in diesem Satz liegt eine unheimliche Kraft. In diesem Satz liegt Macht und Potenzial. In dem Moment, in dem du dich entscheidest, radikal die volle Verantwortung für dich selbst und dein Leben zu tragen, wird sich alles für dich verändern. Die Annahme dieser Verantwortung holt dich sofort und unmittelbar aus der Opferrolle heraus. Diese Entscheidung ist eine Entscheidung für dich selbst. Egal, welche Widrigkeiten dir in deinem Alltag begegnen – nimm sie an! Geh mit den Herausforderungen deines Lebens um und verschiebe die Verantwortlichkeiten nicht. Vielleicht dauert es einige Zeit, bis du vollkommen in deiner radikalen Selbstverantwortung angekommen bist, aber ich verspreche dir, deine Wirkung auf andere wird sich direkt ändern. Du wirst nicht mehr als passives Opfer wahrgenommen, sondern als eine Frau, die ihr Leben in der Hand hält. Das wirkt unglaublich kraftvoll und auch anziehend auf potenzielle Partner. In erster Linie solltest du diese Entscheidung aber für dich selbst treffen. Am Anfang wirst du noch trainieren müssen. Du kannst gern die Frage nach der Verantwortung in deine tägliche Reflexion integrieren. Beobachte auch deinen inneren Dialog. Wenn du dich innerlich Sätze sagen hörst wie „Das war die Schuld von ..." oder „Mir geht es nicht gut, weil Person XY dies oder jenes getan hat", solltest du achtsam werden. Solche Sätze sind ausgezeichnete Hinweise dafür, dass du die Verantwortung gerade nach außen abgibst. Wenn du dich dabei ertappst, halte kurz inne und frage dich, wie du die Situation aus einer verantwortungsvollen Perspektive betrachten könntest. Hier mögliche Gegenbeispiele:

„Person XY verhält sich ... Dieses Verhalten liegt bei XY, nicht bei mir. Ich kann mich aktiv entscheiden, wie ich damit umgehen möchte." Oder „Offenbar war eine andere Person/ein Umstand für die aktuelle Situation verantwortlich. Die Situation gefällt mir nicht, was kann ich aktiv tun, um die Situation positiv zu verändern oder mich davon zu distanzieren?"

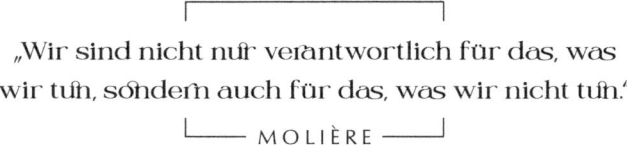

„Wir sind nicht nur verantwortlich für das, was wir tun, sondern auch für das, was wir nicht tun."

— MOLIÈRE —

Es geht sogar noch ein Stück weiter. Ich bin für all das verantwortlich, was ich über mich denke oder nicht denke. Besser gesagt: Was ich über mich denke und was ich mir nicht zutraue.

Damit es dir leichter fällt, die volle Verantwortung für dein Leben zu übernehmen, möchte ich dir gern den „Circle of Life" vorstellen.

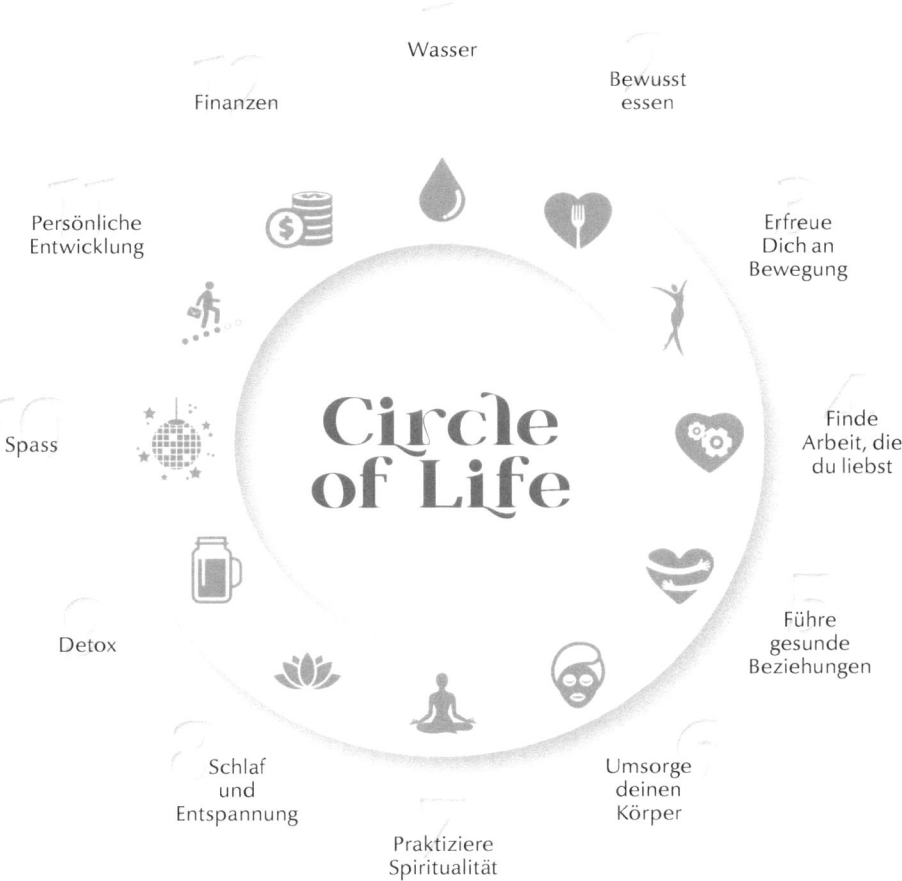

Dieses Konzept unterteilt deine Lebensrealität in 12 verschiedene Bereiche. Diese Darstellung lässt sich wunderbar in deine persönliche Reflexion oder deine Journal-Routine integrieren. Du kannst jeden einzelnen Bereich auf einer Skala von 1 bis 10 bewerten. Beantworte dir dafür die Fragen:

- Wo stehe ich aktuell in diesem Bereich?
- Welchen Wert möchte ich in diesem Bereich erreichen?

Im Folgenden möchte ich dir zeigen, wie deine Selbstverantwortung in den 12 Bereichen aussehen kann.

/ Wasser

Vielleicht fragst du dich, was Wasser mit Selbstverantwortung zu tun hat. Dein Körper ist dein höchstes Gut. Er trägt dich durch dein Leben – pflege ihn. Zu schnell geschieht es in der Hektik des Alltags, dass man scheinbar banale Dinge wie regelmäßige Mahlzeiten oder eine ausreichende Flüssigkeitsversorgung hintenanstellt. Wasser wird nicht umsonst das „Elixier des Lebens" genannt. Kümmere dich um dich und deinen Körper, indem du dir täglich ausreichend Flüssigkeit gönnst. Dies ist ein denkbar einfaches Tool mit so einer großen Wirkung. Wenn du ausreichend trinkst, bist du leistungsfähiger, verspürst auch weniger Gelüste und dein Körper kann Giftstoffe besser loswerden. Du bist inzwischen erwachsen, vielleicht bist du sogar Mutter. So wie du darauf achtest, dass dein Kind ausreichend trinkt, solltest du es an erster Stelle für dich selbst tun. Früher haben deine Eltern diese Aufgabe für dich übernommen – sie haben die Verantwortung für dich und deinen Körper getragen. Jetzt bist du dran. Nimm dir eine App zur Hilfe, kauf dir ein schönes Wasserglas nur für dich. Zelebriere deine Getränke. Selfcare klingt immer nach großen Ritualen. Manchmal ist es schon ein kleiner Schluck Wasser, für den du dir auf die Schulter klopfen darfst. Nicht ohne Grund solltest du auch deine tägliche Flüssigkeitsmenge als Kategorie in dein Journaling aufnehmen.

♡ Bewusst essen

Neben einer ausreichenden Flüssigkeitszufuhr sind es auch deine Essgewohnheiten, die du im Auge behalten solltest. Wie oben beschrieben neigen wir im stressigen Alltag oft dazu, diesen Themen keine Priorität einzuräumen. Die gute Versorgung deines Körpers ist aber die Basis. Wenn du gut genährt und körperlich gut aufgestellt bist, versetzt du dich in die Lage, den Hürden des Alltags besser zu begegnen. Dein Körper ist dein Fundament. Je stärker dein Fundament ist, desto stärker bist du selbst. Beobachte dich und deine Essgewohnheiten ein paar Tage. Wichtig ist: Verurteile dich nicht! Beobachte einfach, wann du was isst. Frage dich, ob du ausreichend Zeit für die Vorbereitung einer Mahlzeit eingeräumt hast, und auf die Tatsache, was du gegessen hast. Achte auch auf deine Emotionen. Häufig sind es nämlich die Faktoren „wenig Zeit" oder „Emotionen", die uns dazu bringen, die schlechtere Wahl zu treffen. Die gute Nachricht ist: Das sind Themen, mit denen du umgehen kannst, Stück für Stück.

Natürlich ist Essen auch ein Genuss – gönne ihn dir. Lerne aber vor allen Dingen, gutes Essen zu genießen. Lerne zu genießen, dass ein Salat schön aussieht, dass du dich nach dem Essen nicht schwer fühlst. Lerne eine Mahlzeit zu genießen, für deren Zubereitung du dir Zeit genommen hast. Lerne zu genießen, wenn du ein hochwertiges Nahrungsmittel zu dir nimmst, das auch Geld gekostet hat. Auch das ist Selfcare! Das Sprichwort „Shit in, shit out" veranschaulicht sehr prägnant, worum es geht. Es gilt für viele Lebensbereiche. Kurz gesagt bedeutet es in diesem Zusammenhang: „Wenn du nur schlechte Dinge in deinen Körper hineinbringst, kommen auch nur schlechte Dinge dabei heraus." Übernimm Verantwortung und achte von heute darauf, was du in deinen Körper reinlässt.

3 Erfreue dich an Bewegung

Vielleicht rollst du innerlich schon mit den Augen und denkst „Na klar. Ausreichend trinken, gutes Essen und viel Bewegung – das empfiehlt auch jeder". Ich darf dir sagen: Damit hast du absolut recht. Es wird so oft empfohlen, weil es einfach stimmt! Trage Sorge dafür, dass dein Körper ausreichend in Bewegung ist. Wenn du denkst, dass du gerade keine Zeit für Bewegung hast, ist es genau der richtige Zeitpunkt, sich darum zu kümmern. Nur wenn es deinem Körper gut geht, kann dein Geist zu Hochtouren auflaufen. Such dir dabei die Bewegung, die dir Spaß macht. Dabei geht es nicht darum, irgendwelche Ziele zu erreichen oder Challenges zu bewältigen. Es geht darum, dass du dich überhaupt bewegst. Nimm das Fahrrad zum Einkauf, kaufe dir einen Hula-Hoop-Reifen, geh in der Mittagspause mit deiner Nachbarin spazieren. Was auch immer es braucht, damit du in Bewegung kommst: Tu es!

Du hast keine Zeit oder keine Ruhe für eine 30-minütige Yoga-Einheit? Dann beginne mit 5 Minuten. Unser Freddy arbeitet zuverlässig daran, uns von diesem Vorhaben abzuhalten. („Freddy" ist mein Name für meinen inneren Saboteur – ich erzähle dir später mehr von ihm). Freddy legt uns die Ausreden schon parat. „Die Kinder lassen mir keine Ruhe zum Sport." „Mein Sportpartner ist ausgefallen." „Das Wetter ist schlecht." Ernsthaft?

Ich rate dir: Löse dich von der Vorstellung der gut trainierten Mittzwanzigerin, die sich täglich am frühen Morgen eine Stunde Zeit zum Joggen nimmt. Das muss nicht dein Ziel sein. Mit diesem Bild im Kopf geben viele schon auf, bevor sie überhaupt angefangen haben. Sie setzen sich damit zu hohe Ansprüche (gut aussehen, lange Sport treiben, am frühen Morgen). Fang klein an, aber fang an! Es braucht ca. 60 Tage, um eine neue Gewohnheit zu etablieren. Welches smarte Ziel kannst du dir selbst in Bezug auf deine Bewegung setzen? Was ist realistisch schaffbar für dich? Setze dir ein Ziel und fang an. Sobald deine innere Stimme dir erklärt, dass du dich heute nicht bewegen kannst, weil ... – erinnere dich an deine Selbstverantwortung. Es liegt weder am Wetter noch am Sportpartner, dass du keinen Sport machen kannst. Es liegt an dir. Das bedeutet aber auch, dass du allein die Chance hast, dich um deine Bewegung zu kümmern. Du bist unabhängig. Du bist unabhängig vom Wetter, du bist unabhängig von deinem Sportpartner. Du hast es zum Glück selbst in der Hand.

4 Finde eine Arbeit, die du liebst

Von deinen Zwanzigern bis zu deinen Sechzigern wird deine Arbeit einen großen Teil deines Alltags ausmachen. Sie wird einen Anteil deiner Lebenszeit einnehmen. Entscheide dich, wie sich dieser Anteil anfühlen soll. Gehörst du zu den Menschen, die mit Leidenschaft „Oh, schon wieder Montag"-Posts in den sozialen Medien teilen? Bekommst du am Sonntag schon schlechte Laune, weil am nächsten Tag die Arbeitswoche startet und zählst du regelmäßig die Tage bis zum Urlaub? Ich frage dich: Muss das wirklich so sein?

An jedem Tag, an dem du einem Job nachgehst, der dir keine Freude bereitet, hast du dich selbst dafür entschieden. Du hast dich dafür entschieden, weil du nichts an dieser Situation geändert hast. Wenn du in deinem aktuellen Job glücklich bist: Herzlichen Glückwunsch! Wenn du nicht glücklich bist, identifiziere für dich die Faktoren, die dich unglücklich machen und finde so heraus, was du ändern musst. Bist du unterfordert? Gefallen dir deine Aufgaben nicht? Kommst du mit deinem Team nicht klar?

Was auch immer es ist, pack es an. Wenn die Stimmung im Team schlecht ist, frage dich, was du selbst dazu beitragen kannst, sie zu ändern. Wenn du mit deinem Gehalt unzufrieden bist, beginne zu verhandeln. Wenn dir deine aktuelle Arbeitsstelle nicht gefällt, dann bewirb dich und wechsele den Job. Auch hier wird Freddy wieder hundert Gründe finden, weshalb das nicht geht. Natürlich ist eine Veränderung anstrengend und mit Aufwand verbunden. Wenn du aber wirklich willst, dass dein Job sich besser anfühlt, dann tu etwas dafür! Übernimm die Verantwortung. Es liegt an dir, ob du 6 bis 8 Stunden deines Tages nur überstehst oder sie ein schöner Teil deines Alltags sein dürfen. Erlaube es dir, selbst Spaß bei der Arbeit zu haben. Für viele ist das ein Paradoxon. Mir tun diese Menschen leid. Wie furchtbar muss es sein, jeden Tag über Stunden eine quälende, ungeliebte Tätigkeit zu verrichten.

Du kannst das ändern. Fang konkret mit deiner Einstellung an. Arbeit muss kein notwendiges Übel sein. Arbeit darf Spaß machen. Ändere zunächst deine Einstellung, und falls du zu denen gehörst, die meckern und sich beschweren, hör einfach damit auf. So befreist du dich zunächst aus der Negativspirale. Such dir Personen in deinem Umfeld, die Freude an ihrem Job haben, und geh mit ihnen ins Gespräch. Du wirst merken: Ihre Einstellung ist eine ganz andere. Arbeite auch an dir und frag dich, ob du vielleicht etwas Neues lernen kannst oder dir ein anderes Aufgabengebiet eroberst. Setz dir kleine Ziele, aber werde aktiv. Gib die

Schuld niemand anderem. Fang an, kleine Dinge zu ändern, damit sich das Empfinden gegenüber deiner Arbeit ändern kann. So eroberst du dir Lebensqualität zurück, weil du deine Tage nicht mehr in gute und weniger gute Zeit unterteilen musst. Erobere dir 24 Stunden Freude jeden Tag!

 ## *5* Führe gesunde Beziehungen

> „Du bist der Durchschnitt der 5 Menschen,
> mit denen du die meiste Zeit verbringst."
> —— JIM ROHN ——

Mit welchen Menschen verbringst du deine Zeit? Welchen Einfluss haben sie auf dich? Wie fühlen sich diese Beziehungen an? Ich möchte dir sagen: Wähle diese Menschen mit Bedacht und habe ein Auge darauf, welche Beziehungen in deinem Leben dir dienen und welche dir schaden. Viele Menschen, die ich kenne, führen Beziehungen (zu Freunden, Verwandten), die ihnen nicht guttun. Auch für deine Beziehungen trägst nur du selbst die Verantwortung. Hast du Menschen in deinem Leben, die dich belasten? Deren Themen dich runterziehen? Falls du diese Frage bejahst, sage ich dir: Trenn dich. Räum in deinen Beziehungen auf und entscheide dich aktiv für die Menschen, die dich umgeben dürfen und lös dich von denjenigen, die dir nicht guttun.

Häufig verbieten es uns gesellschaftliche Erwartungen oder Normen, bestimmte Beziehungen zu beenden. Es ist aber nicht die Gesellschaft, die dein Leben lebt, sondern du! Wenn dir die Treffen mit einer Freundin aus Schulzeiten nichts mehr geben, weil ihr euch auseinanderentwickelt habt, dann ist es okay sich einzugestehen, dass diese Beziehung vorbei ist. Oft glauben wir, jede Beziehung in unserem Leben dauerhaft aufrechterhalten zu müssen. Das ist unmöglich. Spiel doch mal mit dem Gedanken, dass jede Beziehung ihre Zeit hat und auch einfach vorbeigehen darf. Wenn du dies für dich annimmst und aktiv Beziehungen verabschiedest, fühlt es sich nicht mehr wie ein Scheitern an. Es fühlt sich gut anzuerkennen „Wir hatten eine schöne Zeit, nun aber dürfen sich unsere Wege trennen".

Trenn dich auch von Energievampiren. Menschen, die dir nur deine Zeit nehmen, um dich mit ihren Problemen, ihrem Meckern und ihrer negativen Energie zu belasten, haben in deinem Leben nichts verloren. Schick sie weiter. Damit eine Beziehung eine gute Beziehung ist, muss sie aber auf keinen Fall einfach oder pausenlos schön sein. Die Frage ist, ob dir diese Beziehung dient. Lässt sie dich wachsen, bringt sie dich weiter? Auch das ist eine gesunde Beziehung. Die Beziehung zu meinem Ex-Partner war keine solche Beziehung. Sie hielt mich in Ängsten und Negativspiralen gefangen, nahm meine Gedanken ein und blockierte mich somit völlig. Ich bin heute sehr dankbar, dass sie vorbei ist.

6 Umsorge deinen Körper

Ich habe bereits darüber geschrieben, dass du dich um deinen Körper kümmern sollst. Dazu gehört aber noch mehr. Umsorge ihn, nimm dir Zeit für deinen Körper. Wähle wertvolle Produkte für deine Körperpflege aus. Räum dir Zeit dafür ein. Das Umsorgen des Körpers kann viele unterschiedliche Facetten haben. Geh ins Fitnessstudio, lass dir die Nägel machen, buche eine Massage. In vielen Religionen wird unser Körper als Tempel bezeichnet. Übernimm Verantwortung und behandele ihn so. Wenn du selbst Besitzerin eines Tempels wärst, der strahlt, blinkt, ein absoluter Traumort ist: Würdest du ihn pflegen oder verkommen lassen? Würdest du ihn vor Plünderern schützen und regelmäßig sauber halten oder würdest du alle Jubeljahre mal vorbeilaufen, um zu sehen, wie er verfällt? Ich kenne deine Antwort. Gehe genau so mit deinem Körper um.

Es braucht nicht immer das 6-Stunden-Wellness-Programm, für das du große Summen ausgeben musst. Manchmal sind es einfach ausreichend Pausen, wenig Giftstoffe, ausreichend Schlaf, ein paar Vitamine. Kleine, aber regelmäßige Gewohnheiten sind hier der Game Changer. Es geht nicht darum, dass du viel machst, sondern dass du dranbleibst. Selbst wenn es nur eine kleine Gewohnheit ist wie das regelmäßige Benutzen einer Bodylotion nach dem Baden oder ein täglicher Apfel – es macht einen Unterschied. Auch das Umsorgen deines Körpers ist ein Teil der Entscheidung, dich selbst an die erste Stelle zu stellen. Falls jetzt in deinem Kopf die Ausreden aufkommen, sage ich dir: Hör auf. Wenn du täglich Zeit hast, dich durch Newsfeeds von Menschen zu scrollen, die das alles besser können und dich dabei zu vergleichen und selbst zu bemitleiden, hast du auch die Zeit, dich um deinen Körper zu kümmern.

7 Praktiziere Spiritualität

Das Thema Spiritualität ist sehr diffus und schwer zu fassen. Gib doch mal den Begriff in einer Online-Suchmaschine ein. Eine der häufigsten Fragen ist wohl „Was ist Spiritualität?". Genau darin liegt für mich persönlich aber schon die Antwort. Spiritualität ist etwas schwer Greifbares, das uns Menschen dient, uns trägt, aber auch sehr verschieden gelebt und gedacht werden kann. Spiritualität ist nicht zwingend mit einer konkreten Religion verbunden. Jeder Mensch lebt und empfindet seine eigene Spiritualität.

Für mich heißt es schlicht, dass es um mich herum Dinge gibt, die ich mit meinem Verstand nicht fassen kann. Es gibt so viele spirituelle Tools, die mich tragen und weiterbringen, obwohl ich es rein rational nur schlecht in Worte fassen kann. Wärst du mir vor ein paar Jahren mit diesem Thema begegnet, hätte ich es wohl lachend abgetan. Heute habe ich selbst Erfahrungen gesammelt und kann dir sagen: Es lohnt sich.

Auch wenn es für dich vielleicht zu abstrakt, befremdlich oder beängstigend anfühlt, probiere dich in spirituellen Tools aus und finde deine eigenen. Vielleicht ist es Meditation? Vielleicht ein Schweige-Retreat? Ich selbst habe angefangen, mich mit Manifestationen und Visionsarbeit zu beschäftigen, und für mich war dies lebensverändernd. Auch Aura-Chirurgie oder Human-Design gehören für mich zu den Dingen, die ich in diesem Feld neu entdecken durfte. Letztlich ist alles davon eine Hinwendung zu dir selbst, eine innere Einkehr und auch das Einlassen auf etwas, das wir nicht begreifen können.

Ich kann dir nur raten: Entwickle und pflege deine eigene Spiritualität. Erarbeite dir Rituale, die dir guttun, sei neugierig und probiere aus. Sobald du etwas gefunden hast, das dir guttut – bleib dran. Übernimm Verantwortung, indem du dich wachsen lässt – auch in diesem Bereich.

8 Schlaf und Entspannung

Auch der Schlaf gehört zu unseren Kraftressourcen, die wir oft selbst dezimieren. Wenn wir Stress haben oder uns gefühlt die Zeit davonrennt, schlafen wir weniger. Wir versuchen uns mehr Zeit zu erobern und schaden uns damit selbst. Zudem ist es gerade in unserem Kulturkreis weit verbreitet, dass nur diejenigen als hart arbeitend empfunden werden, die sich regelmäßig selbst geißeln. Wie oft gibt es ein Kräftemessen im Mehr-Arbeiten, Mit-wenig-Schlaf-Auskommen, Lange-wach-Sein.

Trau dich, an dieser Stelle gegen den Strom zu schwimmen, und geh mit deinem Flow! Wenn dein Körper dir zeigt, dass er

Schlaf braucht, schlafe! Wenn dein Körper Entspannung braucht, entspanne. Wenn du mal wieder beschließt, eine Nachtschicht zu schieben oder Überstunden machst, überlege dir genau, welche Qualität diese Arbeit gerade wirklich hat. Sei ehrlich zu dir selbst. Kannst du eine Aufgabe nachts um 3.40 Uhr, wenn du bereits seit 21 Stunden wach bist, allen Ernstes noch so gut erledigen wie am Morgen, wenn du voller Energie bist? Bist du so schnell und enthusiastisch bei der Sache, wenn du völlig ausgebrannt bist und dein Körper eigentlich eine Pause braucht? Das ist schlichtweg eine Illusion. Wenn du keine Kraft mehr hast, wirst du für eine Aufgabe länger brauchen und sie auch nicht besser machen.

Mach es nicht wie alle anderen. Sei smart und geh einfach ins Bett. Steh am nächsten Morgen früher auf, wenn du willst, aber gib deinem Körper die Chance, Energie zu schöpfen. Es ist kein Geheimnis, dass guter Schlaf und ausreichend Erholung dich leistungsfähiger machen. Nutze diese Ressource. Dazu möchte ich dir noch ein sehr spannendes Phänomen schildern. Hast du schon einmal etwas von der Revenge Bedtime Procrastination gehört? Dieses Phänomen beschreibt, warum Menschen, die nach einem langen Tag eigentlich völlig übermüdet sind, dennoch nicht ins Bett gehen, sondern sich stundenlang durch Social Media Feeds scrollen oder Serien schauen. Eigentlich ist gar keine Kapazität mehr vorhanden, die Zeit wird auch nicht wirklich sinnvoll genutzt, aber Schlaf kommt nicht infrage. Am nächsten

Morgen steht man dann nur noch müder wieder auf, weil man viel zu spät ins Bett gegangen ist. Hast du dieses Verhalten auch schon bei dir selbst beobachtet? Häufig trifft dieses Phänomen Menschen, die tagsüber viel für andere verantwortlich sind und/oder einen straffen Zeitplan haben. Diese Stunden am Abend sind oft die einzige Phase des Tages, in der sie Herr*in über die eigene Zeit sind – das soll ausgenutzt werden.

Liebe Königin, geht es dir auch so? Ich kann es nachvollziehen. Auch hier ist es an dir, in die Rolle der Erwachsenen zu gehen. Trage Verantwortung für dich selbst und entziehe dich diesem Teufelskreis. Sei knallhart in deiner Schlafroutine. Es bringt dir absolut nichts, deinen wertvollen Schlaf dafür zu opfern, einen Blick in das Leben anderer zu werfen. Übernimm die Verantwortung und schick dich selbst ins Bett. Überlege dir lieber, wie du es möglich machen kannst, dir tagsüber Zeitfenster zu schaffen, in denen du Herrin deiner Zeit bist. Kannst du delegieren? Kannst du dir Freiräume schaffen? Selbst wenn du es nicht kannst – entscheide dich testweise dafür, schlafen zu gehen, wenn du müde bist. Selbst wenn du diese Routine nur zwei Wochen lang beibehalten kannst, zieh es durch und schau, womit es dir besser geht. Ich kenne die Antwort bereits.

9 Detox

„Detox" bedeutet entgiften. Ich rate dir, dies regelmäßig zu tun. Mach dir bewusst, welche „Gifte" es in deinem Leben gibt und entziehe dich ihnen von Zeit zu Zeit bewusst. Nicht umsonst wird in vielen Religionen in verschiedenen Formen das Fasten praktiziert. Es geht darum, seine Gewohnheiten und den Körper mal wieder „runterzufahren", sich zu erden, sich auf das „Niveau Null" zu bringen. Du kannst viele Stoffe detoxen, aber auch schlechte Gewohnheiten, sogar Medien. Beobachte dich im Alltag. Gibt es einen Stoff oder eine Gewohnheit, die Überhand gewinnt – entziehe dich, übe dich in Verzicht. Du kannst auf Zucker verzichten, auf Nikotin, Koffein, Gluten, Social Media, Nachrichten – was auch immer. Ich kann dir von Herzen raten, nicht zu viele Dinge auf einmal zu probieren und dir Zeit zu geben. Sobald man auf etwas verzichtet, geht man (auch bei Zucker oder Koffein) zunächst durch einen Entzug. Auch hier wird Freddy wieder am Start sein und dich fragen, warum du dir das antust. Halte durch und ignoriere ihn. Meist sind die Entzugserscheinungen nach wenigen Tagen vorüber und du kannst die Früchte deiner Bemühungen ernten. Du wirst dich besser fühlen. Wenn du Medien fastest, hast du plötzlich mehr Zeit und bist weniger im Vergleich zu deinen Mitmenschen. Wenn du auf Nikotin verzichtest, wirst du Geld sparen und deine Geschmacksnerven werden wieder sensibler.

Natürlich weiß ich, dass eine solche Detoxphase meist nicht leichtfällt – mir auch nicht. Auch hier darfst du in die Verantwortung gehen. Tu es für dich, damit es dir besser geht. Beim Thema Vergleichen hast du vielleicht selbst schon gemerkt, dass Detoxen sich in diversen Lebensbereichen bezahlt macht. Oft ist Detox eine mögliche Antwort. Du möchtest dich weniger vergleichen? Hör auf, dir von anderen zeigen zu lassen, wie toll ihr Leben ist. Du möchtest mehr schlafen? Verzichte auf Social Media und Serien. Gerade der Digital Detox ist in der Welt, wie sie heute ist, immer wichtiger. Durch ständige Reize von außen gerätst du sonst in eine Daueranspannung. In das Gefühl von ständiger Erwartung, aber auch ständiger Verfügbarkeit. Indem du hier Grenzen setzt und dir Auszeiten nimmst, gönnst du nicht nur dir selbst eine Pause. Du setzt ein klares Signal, dass du eben nicht immer verfügbar bist. Du kannst es dir nicht vorstellen, ganz ohne dein Telefon oder das Internet zu sein? Starte doch mit ein paar Stunden oder einem „handyfreien" Tag pro Woche. Du möchtest dich gesünder ernähren? Verzichte auf Zucker und süße Getränke. Es gibt so viele gute Ratgeber, die dich bei solchen Prozessen begleiten. Egal, was es ist, sei verantwortungsvoll und fang an, aufzuhören.

10 Spaß

Gönn dir Spaß! Wann hast du das letzte Mal etwas Verrücktes gemacht? Denk mal darüber nach.

Wenn es jetzt länger als 60 Sekunden gedauert hat, ist es definitiv schon zu lange her. Wann hast du das letzte Mal ausgiebig

gelacht oder warst voll im Flow? Übe dich in Sinnlosigkeiten! Sinnlosigkeiten? Ja, genau! Meist sind es die Aktivitäten, die auf den
ersten Blick keinen Nutzen haben, die uns so guttun. Sie füllen
unseren emotionalen Tank und stärken uns von innen heraus.
Meist sind es leider die Aktivitäten, die wir schnell nach hinten
schieben. Übernimm Verantwortung und frage dich innerhalb
deiner Reflexion regelmäßig, was dir Spaß macht, und schaff dir
feste Zeitfenster für genau diese Aktivitäten. Was dir genau Spaß
bereitet, entscheidest du selbst. Wenn dir zunächst nichts einfällt,
versuche dich zu erinnern, was dir als Kind Spaß gemacht hat, und
versuche genau das. Warst du im Schwimmbad die Schnellste auf
der Wasserrutsche? Hast du Bilder gemalt oder eine waghalsige
Sportart verfolgt? Wer sagt denn, dass du das als Erwachsene
nicht auch tun kannst? Erlaube dir, einfach mal wieder Kind zu
sein. Suche dir Gleichgesinnte, die an derselben Sache Spaß haben, und beschenke dich damit. Das Leben ist zu kurz, um nur
anstrengend zu sein. Auch für deinen Spaß bist du selbst verantwortlich. Du brauchst keinen Animateur – du kannst das selbst!

// Persönliche Weiterentwicklung.

In einem Song von Herbert Grönemeyer heißt es „Stillstand
ist der Tod" – recht hat er. Ich möchte dich anhalten, an deiner
persönlichen Weiterentwicklung zu arbeiten. Gib dich nie mit
dem Status quo zufrieden. Das Leben ist ein Prozess, der nie endet. Du entscheidest, ob du irgendwann aufhörst zu wachsen

oder stetig vorangehst. Wie du das machen kannst? Lies Bücher! Hol dir regelmäßig neuen Input. Lass dich irritieren. Nur wenn du dich beständig mit dir selbst, deiner Umwelt und deinen Gedanken auseinandersetzt, wirst du dich weiterentwickeln. Mach es in deinem Tempo, aber bleibt nicht auf der Stelle stehen. Probiere öfter mal etwas Neues aus, lass dich auf Diskussionen ein und erprobe andere Perspektiven. Wenn dich etwas triggert, neugierig macht oder aufregt, ist das ein guter Anhaltspunkt, dass du genau dort reingehen darfst. Übernimm Verantwortung für dich, indem du neuen Input nicht abwehrst, sondern dich damit aktiv auseinandersetzt. Mute dir das zu. Du kannst das! Bedenke, dass es im Leben zwar viele Ziele gibt, aber nicht dieses eine Ziel, an dem alles endet. Das Leben ist der eigentliche Weg, den du gehst. Und ja, der Weg ist das Ziel. Es geht nicht darum, den Zielen in deinem Leben wie der Hase einer Karotte hinterherzulaufen. Es geht darum, dabei zu sein, den Weg aktiv und präsent zu bewältigen. Du entscheidest, wie du diesen Weg gehen willst. Läufst du ständig etwas hinterher, wirst getrieben, lässt dich schubsen oder bist du diejenige, die das Tempo festlegt? Sorge dafür, dass nicht über dich entschieden wird, sondern dass du es bist, die selbst und eigenständig wählt, in welche Richtung sie geht. Egal, welche Entscheidung du gestern getroffen hast, du darfst jeden Tag deine Richtung und deinen Fokus neu wählen. Hauptsache, du bewegst dich.

12 Finanzen

Es ist, wie es ist: Geld zu haben ist wichtig und der Mangel an Geld hat Einfluss auf deine Lebensqualität – so weit, so gut. Die Frage ist nur, wie du mit dieser Realität umgehst. Ergibst du dich ihr, machst du dich zum Opfer oder nimmst du deine Finanzen aktiv in die Hand? Ich sage dir: Es war nie leichter! Lange Zeit war das Thema Geld in unserer Gesellschaft den Männern zugeordnet. Das liegt nicht zuletzt daran, dass sie die Verdiener waren. Dieses Rollenklischee wankt nicht erst seit gestern. Es gibt zahlreiche gut verdienende Unternehmerinnen. Immer mehr Frauen investieren selbst und arbeiten an ihrer eigenen Altersvorsorge. In den letzten Jahren befindet sich das Thema „Frauen und Finanzen" in einem ungebrochenen Aufwärtstrend. Steig auf die Welle auf und schwimm mit. Übernimm auch hier Verantwortung für dich und bahne dir deinen Weg aus der Abhängigkeit. Wenn du mich schon eine Weile verfolgst, wird dir aufgefallen sein, dass ich auch immer mal wieder spannende Kollaborationen zum Thema Finanzen und Money Mindset anbiete. Ich habe gelernt, dass es so wichtig ist, sich mit seinen Glaubenssätzen zum Thema Geld auseinanderzusetzen. Sich zu hinterfragen und neu zu programmieren und überhaupt mit seinem Geld umzugehen. Werde dir bewusst, wo du in Abhängigkeiten steckst, wo du keinen Überblick hast. Es hat nichts mit Eigenverantwortung zu tun, wenn du das Feld der Finanzen deinem Partner oder einer anderen Person überlässt. Was ist, wenn diese Person verschwindet? Deine Antwort auf diese Frage zeigt dir genau, warum du besser heute als gestern deine Finanzen selbst in Angriff nimmst. Du kannst das!

Eine praktische Anleitung zu dieser Übung findest du im Memberbereich:
www.janainavonmoos.com/konigin

Wow ... 12 Themenfelder und 12 Mal viele Forderungen. Mein Ratschlag für dich: Lass dich nicht überfordern. Geh nicht alle Bereiche auf einmal an und lass dich auf den Gedanken ein, dass wohl nie alle Bereiche genau dort stehen werden, wo du sie haben willst. Es wird immer ein anderer Lebensbereich sein, der gerade mehr deine Aufmerksamkeit braucht. Nimm dir deshalb den Circle of Life als Tool regelmäßig zur Hand, bewerte neu, wo du stehst, und setze deine Prioritäten. Dieses Werkzeug ist ein so nützliches Reflexionsinstrument, weil es dir hilft, den Überblick zu behalten und dir Ziele zu setzen. Der Name des Werkzeugs und seine Form zeigen dir aber schon: Es geht um Wandel, um Veränderungen. Es gibt keinen Anfang und kein Ende. Es ist ein Kreis, den du in dein Leben integrieren darfst. Ich wünsche dir viel Spaß dabei.

Erkenntnis 16 Ich habe die Macht, alles zu erreichen, wenn es mein Herzenswunsch ist.

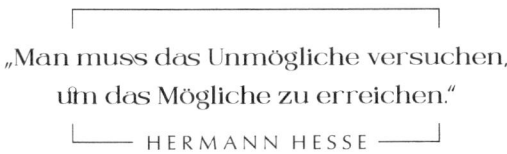

„Man muss das Unmögliche versuchen,
um das Mögliche zu erreichen."

—— HERMANN HESSE ——

Was ist dein Herzenswunsch? Welcher Traum, welcher Gedanke schlummert in dir? Was auch immer es ist – bleib dran. Ich selbst habe es erlebt, welche Kraft ein Herzenswunsch haben kann. Ich habe mit dem Satz aus der Erkenntnis aktiv gearbeitet, ihn mir als tägliche Affirmation gesetzt und ihn mir so vor Augen geführt. Er erschien als Displayhintergrund auf meinem Smartphone und begleitete mich beim Einschlafen in Endlosschleife mittels einer App. So habe ich dafür gesorgt, dass ich diesen Satz und den Glauben daran vollkommen verinnerlicht habe. Heute kann ich dir aus vollem Herzen sagen: „Du hast die Macht, alles zu erreichen, wenn es nur dein Herzenswunsch ist." Ich kann dir das sagen, weil ich es selbst erlebt habe. Ich stehe heute genau dort, wo ich hin wollte, und ich habe unzählige Frauen bei der Erfüllung ihres Herzenswunsches begleitet. Ich habe Frauen dabei unterstützt, ihr erfolgreiches Online-Business aufzubauen, ihren Seelenpartner zu finden, sich besser in ihrem Körper zu fühlen oder den Wunsch nach einer eigenen Familie zu realisieren. Glaub mir, nichts ist unmöglich! Damit du deinen Herzenswunsch erreichen kannst, musst du ihn aber kennen. Lass ihn uns gemeinsam sichtbar machen. Beantworte für dich die Frage, was dich glücklich macht, und zwar in jedem der 12 Bereiche deines Lebens. Benenne für jeden Bereich dein absolutes Nonplusultra und kreiere dir so deine Herzenswunsch-Vision. Wie soll dein Leben aussehen, was macht dich glücklich?

Was macht mich glücklich?

- _____

- _____

- _____

- _____

- _____

- _____

- _____

- _____

- _____

- _____

- _____

> „Ein Wunsch ändert nichts.
> Ein Entschluss ändert alles."
>
> — VERFASSER UNBEKANNT —

Welchen Entschluss triffst du jetzt, liebe Königin?

Teil 3

Selbstliebe

Erkenntnis 17 Um die zu werden, die ich sein will, muss ich zuerst wissen, wer ich heute bin.

Wie du bereits gelesen hast, war ich in dieser Trennungssituation im Jahr 2016 alles andere als klar. Ich war völlig verloren. Ich wusste nicht mehr, wer ich bin und was mich ausmacht.

> „Ich bin ich.
> Leider viel zu selten."
> — ERNST FERSTL —

Das hatte nicht nur mich geschwächt, sondern auch meine Beziehung. Das Vertrauen meines Partners mir gegenüber war massiv gesunken. Wie du weißt, war ich lange Zeit der Überzeugung gewesen, dass das Problem sexueller Natur sei. Erst durch meine Reise nach Südostasien war ich in der Lage zu begreifen, dass die Gründe ganz andere waren. Mir wurde klar, was wir alles versäumt hatten und wo wir uns verloren haben.

Wir waren bereits 2015 in einer Krise, die wir nie wirklich aufgearbeitet und verdaut hatten. Beide nicht. Wir haben einfach weitergemacht wie zuvor – Schwamm drüber. Heute weiß ich, dass das der falsche Weg war. Wir hätten uns der Situation stellen müssen. Wir wollten Schmerz vermeiden und haben uns so auf lange Sicht nur noch mehr Schmerz zugefügt. Wir haben uns nicht mehr über unsere Wünsche ausgetauscht, von Fantasien ganz zu schweigen. Keiner von uns traute sich, das Gegenüber zu kritisieren. Unsere Beziehung fühlte sich so kaputt und fragil an, dass wir beide den Eindruck hatten, dass die kleinste Kritik das Fass zum Überlaufen bringen würde.

Mit Abstand kann ich dir sagen, dass dies der falsche Weg war. Es war falsch, mich zu verleugnen und zurückzustellen. Es war falsch, mir dabei zuzusehen, wie mein Selbst immer mehr verschwand. Ich habe so nicht nur mich verloren, sondern auch meine Beziehung. Ich habe mir geschworen, das nie wieder geschehen zu lassen. Ich habe mir selbst versprochen, zu jedem Zeitpunkt die Frage beantworten zu können, wer ich bin. Natürlich schleicht sich da auch bei mir über die Zeit mal eine Unsicherheit oder Unklarheit ein. Ich habe meine Antennen dafür gut geschärft. Sobald ich die Unklarheit spüre, gehe ich in die Reflexion, um neue Klarheit zu gewinnen. Ich habe erkannt, dass ich wissen muss, wer ich jetzt und heute bin, wo ich stehe. Nur so kann ich zu der Frau werden, die ich sein will. Auch dir, liebe Königin, gebe ich diesen Rat. Kenne deinen Ausgangspunkt, denn nur von dort kannst du den Weg zu deinem Ziel antreten.

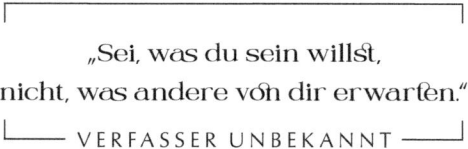

„Sei, was du sein willst,
nicht, was andere von dir erwarten."
— VERFASSER UNBEKANNT —

Erkenntnis 18 Eine Beziehung stellt Anforderungen an beide Partner.

Bisher ging es viel um meinen Anteil am Scheitern der Beziehung. Sicherlich hast du an einigen Stellen schon gedacht, dass zu einer Beziehung immer zwei Menschen gehören. So ist es. Natürlich solltest du nicht in die Opferrolle gehen und dem Partner die alleinige Schuld zuschieben. Du darfst aber auch anerkennen, dass eine Beziehung ein Produkt zweier Menschen ist. Eine glückliche, gelingende Beziehung fordert daher gewisse Voraussetzungen von allen Beteiligten. Andernfalls entsteht ein Ungleichgewicht und die Beziehung droht toxisch zu werden. Bevor du dich bindest, darfst du also auch deinen Partner prüfen. Die Anforderungen, die an dich gestellt werden, gelten für euch beide.

Für eine gelingende Beziehung sollten
- beide wissen, wer sie sind,
- beide wissen, was sie wollen,
- beide wissen, was sie glücklich macht,
- beide bereit sein, sich voll der Sache hinzugeben und zu öffnen,
- beide angstfrei Themen ansprechen können, auch wenn sie schmerzhaft sind.

Bist du bereit dafür? Ist dein Partner bereit dafür?

Erkenntnis 19 Hinter der rosaroten Brille wartet harte Arbeit.

Wie es wohl in jeder Verliebtheitsphase ist, lief unsere Beziehung lange reibungslos. Es gab kaum Streit und wir teilten so viele schöne Erlebnisse, dass wir es völlig versäumt haben, mit der eigentlichen Beziehungsarbeit zu beginnen. Wir haben unseren Beziehungsalltag als selbstverständlich angenommen. Völlig blauäugig gingen wir davon aus, dass es sich immer so anfühlen würde. Liebe Königin, du und ich, wir wissen, was kommen musste: der Absturz und die Desillusionierung. In voller Fahrt und ungebremst.

Ich kann dir also nur empfehlen, in jeder Beziehung schon frühzeitig mit der „Arbeit" zu beginnen. Damit meine ich die Reise zu dir selbst, aber auch die Reise zu deinem Partner. Reflektiere dich selbst, reflektiert gemeinsam und tauscht euch aus. Etabliert schon früh eine Kommunikationskultur in eurer Partnerschaft, in der es Raum gibt, Bedürfnisse, Wünsche und Kritik zu äußern. Auch wenn es sich unbequem anfühlt, gerade am Anfang solche Themen zu bearbeiten – du legst damit das Fundament für euer Glück.

Auch meinem Ex-Partner hatte ich damals gesagt, dass es letztlich egal wäre, ob er bei mir bliebe oder sich in eine neue Beziehung stürzen würde. Spätestens nach den Schmetterlingen kommt immer die Arbeit. Oder die nächste Trennung.

Erkenntnis 20 Du hast die Wahl.

„Manchmal bringen uns die falschen
Entscheidungen an den richtigen Ort."

— VERFASSER UNBEKANNT —

Ich habe auf den vorangegangenen Seiten schon mehrfach über den inneren Dialog berichtet. Dabei war es mir wichtig, dass du deinen inneren Dialog achtsam beobachten und steuern sollst. Dieser Dialog ist nichts anderes als die Aneinanderreihung deiner täglichen Gedanken. Quantenphysiker haben bewiesen, dass jeder Mensch am Tag etwa 60 000 Gedanken denkt. 60 000! Bei dieser Riesenmenge wird es für dich keine Frage sein, warum es Sinn ergibt, sich mit seiner Gedankenwelt zu beschäftigen. Die gute Nachricht ist: Du hast die Macht über deine Gedanken, du kannst sie steuern. Dafür ist es wichtig, dass du dir deine Glaubenssätze anschaust. Welche Denkmuster und Grundüberzeugungen sind tief in dir verankert? Welche Annahmen und Gedanken blockieren dich? Was macht dir Angst?

Oft ist es schmerzhaft, sich damit aktiv auseinanderzusetzen und damit zu arbeiten, aber es lohnt sich. Du wirst dir eine völlig neue Freiheit erarbeiten und deine Grenzen sprengen. Letztlich ist es nämlich so, dass deine Gedanken Resultate erzielen. Wenn du dich gedanklich fortwährend in dem Glauben bestätigst, kein Geld zu haben, wirst du kein Geld haben. Wenn du selbst denkst, nicht schön zu sein, werden dich wenig andere schön finden können. Deine Gedanken produzieren Resultate. Wenn du also nicht nur denkst, sondern auch glaubst, dass du aus einer schlechten Situation ausbrechen kannst, wirst du es schaffen. Wenn du denkst, erfolgreich zu sein, wirst du Erfolg haben. Was ich dir hier schildere, hast du vielleicht auch unter dem Begriff „selbsterfüllende Prophezeiung" gehört. Das, woran du glaubst oder was du befürchtest, wird eintreten, weil du es durch deine Gedanken anziehst.

Wie aber kannst du nun deine Gedanken beeinflussen? Dies kann zum Beispiel durch soziale Einflüsse geschehen, durch eine emotionale „Erschütterung". Dies sind oft Zufälle, die du nicht in der Hand hast. Du kannst sie nicht aktiv herbeiführen, aber du kannst von ihnen profitieren. Eine andere Möglichkeit ist die ständige Wiederholung oder auch die Affirmation.

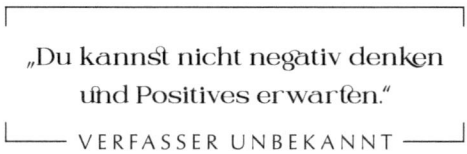

„Du kannst nicht negativ denken und Positives erwarten."
— VERFASSER UNBEKANNT —

Ich hatte dir bereits zur Aufgabe gegeben, für jeden Bereich des Circle of Life dein Nonplusultra zu formulieren. Nimm dir diese Sätze, deine Zukunftsvision erneut zur Hand und formuliere sie um, als wäre das alles schon eingetreten. Wenn du dir eine Beziehung wünschst, schreibe z. B. „Ich bin in einer glücklichen Beziehung". Wenn du mehr finanziellen Spielraum möchtest, formuliere „Ich verdiene XX,00 € im Jahr". Formuliere dies in einem klaren und prägnanten Satz.

Mein Wunsch-Status-Quo:

*   _____

    _____

Dies ist der Satz, der dich von nun an in deiner täglichen Journaling-Praxis begleiten wird. Wiederhole ihn. Wieder und wieder. Und wieder! Trage so Sorge dafür, dass dieser Satz Teil deiner Gedanken und zu deiner tiefsten Überzeugung werden kann. Male dir diese Vision in Gedanken auch gern sehr konkret und bildlich aus. Du träumst von einem Haus? Wie sieht es aus? Welche Farbe haben die Dachziegel oder die Eingangstür? Richte in Gedanken die Zimmer ein. Ich möchte, dass du lernst, deine Vorstellungskraft als kraftvolles Instrument zu benutzen. Dieses Instrument verleiht dir eine unglaubliche Macht. Nur das, was du dir vorstellen kannst, kann auch Wirklichkeit werden.

Übe dich darin, groß zu denken. Male dir nicht nur realistische Vorstellungen aus. Natürlich ist es leicht, dir in der vollen Innenstadt beim Universum einen Parkplatz zu wünschen. Ich bin sicher, auch du hast dir das schon vorgestellt und es hat geklappt.

Warst du auch schon bei größeren Wünschen erfolgreich? Bei richtig großen Wünschen? Die sind nämlich oft der Punkt, an dem uns der Verstand in die Quere kommt. Übe dich darin, deine Vorstellungskraft nicht von deinem Verstand blockieren zu lassen. Alles, was du denken kannst, ist möglich. Deine Resultate von heute sind dabei das Ergebnis deiner Gedanken von gestern. Natürlich wird es auch hier Rückschläge geben, denn häufig verändern sich deine Anteile nicht alle gleichzeitig. Es ist möglich, dass du dich hart darin übst, groß zu denken und deine Vorstellung trotzdem (noch) nicht eintritt. An dieser Stelle darfst du dich fragen, ob du im Vertrauen bist, ob du wirklich daran glaubst, dass schon alles seinen Weg gehen wird.

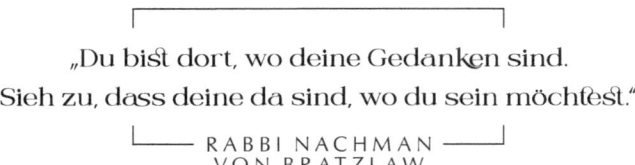

„Du bist dort, wo deine Gedanken sind.
Sieh zu, dass deine da sind, wo du sein möchtest."

—— RABBI NACHMAN ——
VON BRATZLAW

Ein weiteres Tool ist die Frage der Perspektive. Denkst du darüber nach, was du willst oder was du nicht willst? Denkst du in Problemen oder in Lösungen? Deine Perspektive ist ein konkreter Punkt, an dem du arbeiten darfst. „Wollen" und „lösen" sind beides aktive Begriffe. Es geht nicht darum, dass dir etwas passiert, dass du das Opfer bist, das etwas vermeiden möchte. Du bist die

Frau, die etwas will und nach den passenden Lösungen sucht. Liebe Königin, du merkst sicher auch: Bei den Gedanken kommt wieder deine Eigenverantwortung ins Spiel und nicht zuletzt deine Sprache. Deine Sprache ist Teil deiner Gedanken und beeinflusst sie zugleich. Achte also von heute an genau darauf, wie du etwas formulierst. Sprichst du von „müssen" oder „dürfen"? Von Problemen oder Herausforderungen? Wie oft verwendest du das Wort „nicht"?

Falls du meinem Rat gefolgt bist, ist dies ein guter Moment, um die Notizen deiner persönlichen Selbstreflexion („Wie du aus der Opferrolle kommst") hervorzuholen. Lies sie durch und analysiere, wie du etwas formulierst. Frage dich nebenbei, wie du etwas positiver formulieren könntest. Es geht dabei nicht darum, dich zu bewerten, sondern darum zu erkennen, wo du gerade stehst. Welche Worte sind es, die deine Gedanken bestimmen? Wenn du negative, blockierende Ausdrücke entdeckt hast, sind es genau die Vokabeln, an denen du von nun an arbeiten darfst.

Ich kann dir schon jetzt verraten, dass es dauern wird, deinen inneren Dialog dauerhaft zu verändern. Immerhin lebst du schon dein ganzes Leben mit deinen aktuellen Gedankenmustern. Gib dir also Zeit, aber bleib dran. Denke daran: Deine Sprache kreiert deine Realität. Willst du deine Realität verändern, musst du deine Sprache verändern.

„Nur weil du einen Gedanken seit Jahren wiederholst, muss er weder wahr noch hilfreich sein."

— VERFASSER UNBEKANNT —

Erkenntnis 21 Eine Krise ist die beste Zeit für eine Veränderung.

Wenn du möchtest, dass sich in deinem Leben etwas verändert, musst du selbst zuerst diese Veränderung leben. An dieser Stelle geht es darum, ob du selbst tief in deinem Inneren wirklich an diese Veränderung glaubst. Es reicht nicht aus, zu wünschen und zu glauben, dass du etwas schaffen kannst. Das Wünschen und Glauben bringen jeweils eine Restunsicherheit mit sich. Du musst es gewissermaßen wissen. Du musst völlig davon überzeugt sein, dass du etwas schaffen wirst. Du liest dieses Buch, weil es dich angesprochen hat, weil du gefühlt hast, dass es dir vielleicht helfen kann. Du möchtest dich aus deiner aktuellen Situation befreien. Was du brauchst, ist eine große Portion „Open-mindedness". Frage dich nach dem Besten und Größten, was dir in dieser Situation passieren kann. Du steckst in einer Beziehungskrise, hast vielleicht Liebeskummer und möchtest, dass er vorübergeht? Jetzt ist es wichtig, dass du zu 100 % daran glaubst und verinnerlichst, dass es dir zusteht! Es steht dir zu, aus dieser Situation hervorzugehen wie Phönix aus der Asche. Jetzt liegst du vielleicht am Boden, aber du wirst zu Sphären aufsteigen, die weit entfernt sind von deinem Zustand vor der Krise. Es steht dir nicht nur zu, diese Krise zu bewältigen, sondern z. B. den Traumpartner zu finden, der so viel besser ist als der vorherige. Es steht dir zu, nicht nur ein bisschen erfolgreich, sondern so richtig erfolgreich zu sein.

Damit das Wirklichkeit werden kann, möchte ich dir das Prinzip „Act as if" vorstellen. Frei übersetzt bedeutet es „Handele, als ob ...". Handele so, dass dein Verhalten auch deine innere Überzeugung widerspiegelt. Handele schon heute so wie deine Zukunftsvision. Wie verhältst du dich, wenn du glücklich und erfolgreich bist? Verbringst du deine Abende in Jogginghose auf der Couch und lässt dich gehen? Wie verhältst du dich, wenn du Geld hast? Kaufst du deine Kleidung im Discounter? Natürlich nicht! Ich möchte dich einladen, dich schon heute so zu verhalten und dich auch selbst so zu behandeln, als wäre deine Zukunftsvision bereits Realität. Frage dich, welche Kleidung du trägst, wenn du erfolgreich bist. Frage dich, wie deine Morgenroutine aussieht, wenn du in einer glücklichen Partnerschaft bist, und fange schon heute damit an, genau das zu leben. Auch für dich selbst. So trägst du Sorge dafür, dass dein Verhalten und deine Überzeugung miteinander verschmelzen können. Durch „Act as if" kreierst du aktiv deine neue Realität. Probier es aus.

Welche Krisen hast du schon erfolgreich gemeistert?
Hast du dir dafür schon mal richtig auf die Schultern geklopft?

> „Krise kann ein produktiver Zustand sein.
> Man muss ihr nur den Beigeschmack
> der Katastrophe nehmen."
> — MAX FRISCH

„Krise ist immer eine Gelegenheit für Menschen,
sich über sich selbst hinaus zu erheben."

— SADHGURU —

Erkenntnis 22 Wenn du in deinen eigenen Augen schön bist, bist du es auch für andere.

Wie stehst du zu dir und deinem Körper, liebe Königin? Würdest du ihn auch als königlich bezeichnen? Falls deine Antwort „Ja" war, kann ich nur sagen: Herzlichen Glückwunsch! Mit dieser Einsicht geht es dir viel besser als so vielen anderen Frauen.

Hast du gewusst, dass in den USA jährlich 4 Millionen Schönheits-OPs durchgeführt werden? Ist dir bekannt, dass bereits 40 % aller Mädchen im Alter von 10 bis 14 Jahren schon einmal eine Diät gemacht haben? Ist das nicht erschreckend? Wir sprechen hier von Kindern. Welche Ideale und Erwartungen haben wir ihnen da als Gesellschaft mitgegeben? Die wohl erschreckendste Zahl: 45 % aller Frauen in Deutschland denken, sie seien übergewichtig, und 91 % geben an, mit ihrem Körper unzufrieden zu sein. 91 %! Falls du zu diesen 91 % der Frauen gehörst, die nicht mit sich zufrieden sind, sage ich dir: Hör auf damit und nimm dich an. Um das zu erreichen, frage dich, woher deine Ansprüche kommen. Wer sagt dir, was schön ist?

Oft sind unsere Vorstellungen von Schönheit und Normen doch nur ein Ergebnis unserer Umwelt. Hätten wir eine andere Umgebung, würden wir andere Dinge schön finden. Wie ich darauf komme? Wenn du allein die europäischen Schönheitsideale der letzten Dekaden beobachtest, wirst du merken, dass sie alles sind, außer von Dauer. Sie haben sich stets verändert. In ihrer Zeit wirken sie immer verbindlich, fast als Diktat. Wenn du nicht XY trägst oder so und so aussiehst, gehst du nicht mit dem

Trend. Drei Jahre später ist genau diese Vorgabe wieder vergessen und es gibt neue Vorgaben. Noch interessanter wird es, wenn du über deinen Tellerrand hinausschaust. Allein die Tatsache, dass die Schönheitsideale in anderen Kulturen völlig andere sind, zeigt dir: Nichts davon ist allgemeingültig! Keines dieser Ideale ist beständig und universal verbindlich. Warum unterwirfst du dich dem? Warum beurteilst du dich nach Vorgaben, die in drei Jahren vergessen sind und einen Ozean weiter absolut keine Bedeutung mehr haben? Ich habe eine Vermutung. Wir Menschen sind soziale Wesen. Wir wollen dazugehören. Also versuchen wir, uns zu integrieren in die uns umgebende Masse und vergleichen permanent, ob wir „richtig" sind.

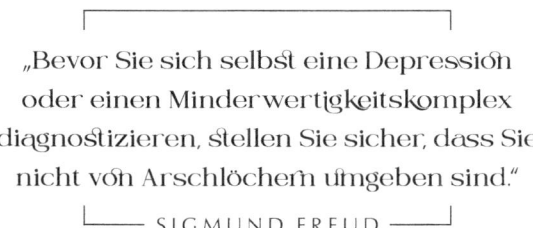

„Bevor Sie sich selbst eine Depression oder einen Minderwertigkeitskomplex diagnostizieren, stellen Sie sicher, dass Sie nicht von Arschlöchern umgeben sind."

—— SIGMUND FREUD ——

Liebe Königin, dieses Verhalten ist nachvollziehbar, aber nicht mehr notwendig. Dass Vergleiche Gift für dich sind, haben wir schon besprochen. Nun möchte ich dich einladen, alle dich umgebenden Anforderungen an deinen Körper hinter dir zu lassen.

Vergiss sie und betrachte dich selbst völlig neutral. Wer steht da vor dir? Was haben diese Augen schon gesehen? Welchen Weg sind diese Füße schon gelaufen? Wen haben diese Hände schon berührt und vielleicht auch losgelassen? Liebe Königin, wenn du dich so betrachtest, wirst du merken, dass eine großartige Person vor dir steht. Eine Person in einer Gestalt, die Liebe, Anerkennung Wertschätzung verdient hat, statt Vergleiche und Abwertung. Liebe Königin, Selbstliebe ist ein radikaler Akt. Sei radikal! Ignoriere die anderen und finde dich schön! Diese Haltung wird dir mehr Ausstrahlung und Attraktivität geben, als jeder Designer-Dress und jedes noch so teure Beautyprodukt es je könnten. Diese Haltung ist nicht, was man „von außen drauf packt", sondern strahlt von tief innen.

Vielleicht sind dir schon Frauen begegnet, die eben nicht den aktuellen Idealen entsprochen haben und dennoch einen ganzen Raum für sich einnehmen konnten. Vielleicht hast du dich gefragt, wie das möglich ist. Jetzt weißt du es: Es ist eine innere Haltung und ein bedingungsloses „Ja" zu sich selbst. „Ja, ich bin schön, verdammt!"

Ich weiß, dass das eine schwere Übung ist. Bleib dran. Wenn du es über Jahre anders gelernt hast, kommt die Selbstliebe nicht über Nacht. Aber sie kommt. Mit jedem Mal, wo du stolz auf dich bist, weil du für dich selbst eingestanden bist. Mit jedem Mal, wenn du deine Bedürfnisse artikulierst. Mit jedem Mal, wenn du um deinetwillen „Nein" zu einer anderen Person sagst. Dies ist, auch und besonders bei der Partnersuche, deine wichtigste Aufgabe.

Viele der oberen Erkenntnisse führen genau auf diese eine Botschaft hinaus: Deine Selbstliebe ist eine Errungenschaft und hat oberste Priorität. Immer. Denn nur wenn du dich selbst liebst, kannst du auch die Liebe einer anderen Person gut annehmen und dich authentisch in dieser Beziehung entfalten. Nur wenn du dich selbst schön findest, kannst du glauben, dass es jemand anderes auch tut. Nur wenn du bereit bist, dir deine eigenen Fehler und Unzulänglichkeiten zu verzeihen, wirst du jemand anderes so nahe an dich heranlassen, diese Unzulänglichkeiten auch zu erkennen. Nur wenn du deine Schwächen akzeptierst, kannst du annehmen, dass es auch dein Partner tut. Es ist ein Weg. Es ist dein Weg vom Ich zum Wir.

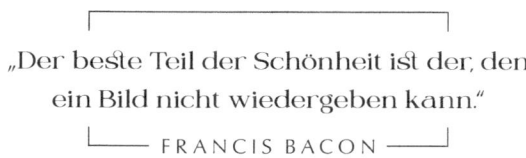

„Der beste Teil der Schönheit ist der, den ein Bild nicht wiedergeben kann."
— FRANCIS BACON —

Erkenntnis 23 Selbstliebe ist nicht Egoismus.

Liebe Königin, wie fühlt sich die Forderung an, dich selbst und die Liebe zu dir (nicht zu deinem Partner, nicht zu deinen Kindern) zur Priorität zu machen? Traust du dir das zu, oder möchtest du dieses Kapitel schnell überspringen, weil du meinst, das nicht zu können oder auch gar nicht zu wollen? „So eine bin ich nicht." Ich kann es mir bildlich vorstellen.

In unserer Gesellschaft haben besonders wir Frauen gelernt, dass wir uns nicht vorne anzustellen haben. Überhaupt sollen wir alle demütig sein und immer den anderen den Vortritt lassen. Das gute Geschirr ist nur für die Gäste, die kochende Person füllt ihren Teller als letztes, man stellt sich nicht in den Mittelpunkt. Wir sind alle dazu erzogen worden, es als egoistisch zu bewerten, wenn sich jemand selbst an die erste Stelle stellt. Über Generationen. Dabei ist genau das gesund und der vernünftigste Weg. Es ist nicht egoistisch, sich um sich selbst kümmern, im Gegenteil. Nur so hat man überhaupt die Ressourcen, dauerhaft für andere präsent zu sein.

Vielleicht hast du es bei der Sicherheitseinweisung im Flugzeug schon mal gehört: „Setzen Sie sich selbst zuerst die Sauerstoffmaske auf." Weißt du, warum? Wenn du keinen Sauerstoff bekommst, hast du nur einige Sekunden, bevor du bewusstlos wirst. Was bringt es dir, wenn du deinem Partner oder deinem Kind hilfst, die Maske aufzusetzen, und dann selbst zusammensackst? Nein, du kümmerst dich erst um dich und versetzt dich damit in die Lage, deinen Liebsten zu helfen. Auch länger als ein paar Sekunden. Das ergibt doch absolut Sinn. Wenn du also das nächste Mal Unbehagen spürst, wenn du dich „vermeintlich egoistisch" verhältst, dann denk an dieses Beispiel. Es ist nicht egoistisch. Es ist schlicht und ergreifend notwendig. Punkt.

> „In einer Gesellschaft,
> die von unseren Zweifeln profitiert,
> ist Selbstliebe ein Akt der Rebellion."
> — VERFASSER UNBEKANNT

Erkenntnis 24 Mein Fokus muss von innen nach außen wechseln.

Ein weiteres wichtiges Etappenziel ist es, dass du in dir selbst ankommst. Erschaffe dein eigenes Universum, das sich um dich herum entfaltet. Erschaffe dein Universum, in dem du nicht das passive Opfer, sondern die kreative Akteurin bist. Dies geschieht durch einen Paradigmenwechsel. Wenn du bisher hauptsächlich von außen nach innen gelebt hast, möchte ich dich jetzt anhalten, von innen nach außen zu leben. Konkret bedeutet das, dass du nicht länger zulässt, dass andere Menschen und Umstände bestimmen, wie dein Leben läuft, sondern dass du diejenige bist, die von innen heraus ihr Außen kreiert. Dafür ist es wichtig, dass du dir zu jedem Zeitpunkt bewusst bist, was du wirklich willst. Diese Frage hast du bereits in den vorigen Kapiteln beantwortet. In einer konkreten Situation können dir diese drei Ankerfragen helfen:

- WILL ich das wirklich?
- Will ICH das wirklich?
- Will ich DAS wirklich?

Wenn du alle drei Fragen mit „Ja" beantworten kannst, ist es wohl eine gute Entscheidung. Die Kenntnis deiner Wünsche und deiner Bedürfnisse wird es dir ermöglichen, ein Leben mit dir selbst im Einklang zu führen. Sobald du dich nicht mehr von außen steuern lässt, sondern auf dich hörst und deinen Signalen folgst, wirst du eine große Veränderung erleben. Du kommst mehr und mehr mit dir ins Reine, es stellt sich ein innerer Einklang ein – du bist bei dir angekommen. Dieser Zustand nennt sich auch „Alignment". Es ist der Zustand, in dem es gelungen ist, alle deine inneren Felder (deine Absichten, deine Emotionen, deine Bilder, deine Sprache und auch deine Aktionen) in Einklang zu bringen. Dies ist kein Zustand, den du durch Methode X auf Knopfdruck herbeiführen kannst. Du kannst aber darauf hinarbeiten, indem du aktiv an deinen Absichten und an deinem Willen arbeitest. Arbeite daran, bei dir zu bleiben. Dein Alignment wird eintreten.

„Dein Leben muss nicht von außen gut aussehen, sondern sich von innen gut anfühlen."

— VERFASSER UNBEKANNT —

Erkenntnis 25 Verschaffe deinen inneren Stimmen Gehör.

Ein wichtiges Element deines „Bei-dir-Seins" ist es auch, wieder auf deine Intuition zu hören.

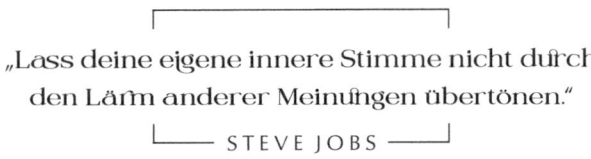

„Lass deine eigene innere Stimme nicht durch den Lärm anderer Meinungen übertönen."
— STEVE JOBS —

Wie oft hast du sie vernachlässigt oder bist sie übergangen? Wie oft hast du im letzten Jahr gesagt „Ich hätte auf mein Bauchgefühl hören sollen!"? Fang wieder damit an. Deine Intuition ist für dich vielleicht schwer zu greifen, aber sie ist eines deiner stärksten Tools – nutze sie!

Natürlich gibt es in deinem System auch jemanden, der sich vehement gegen deine Intuition stellt. Ich habe schon an einigen Stellen über „Freddy" gesprochen. Freddy ist mein Name für meinen inneren Saboteur. Wie heißt deiner? Mein Freddy ist der Anteil meiner inneren Stimme, der mich gern von etwas abhalten möchte. Er hindert mich und hält mich zurück – meist mit guten Argumenten. Mit der Zeit habe ich gelernt, meinen Freddy gut im Zaum zu halten, teilweise auch zu ignorieren. Zu wirklichem Alignment gehört es aber, alle Anteile in mir anzunehmen. Auch Freddy. Freddy ist von Hause aus Pessimist und Zweifler. Dennoch weiß ich, dass er mich schützen möchte. Natürlich hindert er mich, aber die „Absicht", sofern man diese einer inneren Stimme unterstellen kann, ist gut. Ich gebe also auch meinem Freddy regelmäßig Raum. Das darfst auch du. Lass deine inneren Saboteure zu Wort kommen und höre sie. Auch das ist ein Akt der Selbstliebe. Gib allen Anteilen in dir Raum. Nur so lebst du authentisch und aktiv. Nur so kannst du dich mit allen Anteilen auch auseinandersetzen und aktiv entscheiden, wem du folgen willst – deinem Freddy oder deiner Intuition.

> „Deine innere Stimme zu hören,
> ist eine Frage der Achtsamkeit.
> Ihr zu folgen, eine Frage des Mutes."
> — VERFASSER UNBEKANNT —

Erkenntnis 26 Hol dir den Flow zurück.

An vielen Stellen in diesem Buch habe ich dir bereits gesagt, dass du bei dir bleiben sollst. Der Grund dafür ist, dass ich dir von Herzen wünsche, dass du dein Leben im Flow leben kannst. In deinem eigenen Flow. In deinem Tempo, mit deinen Prioritäten. Damit du dort hinkommst, ist es wichtig, dass du in der Lage bist, immer wieder in dich hineinzuhören und dich neu auszurichten. Versuche, jeden Tag kurz innezuhalten, und frage dich, wie es dir geht, was du jetzt gerade und heute überhaupt brauchst. Versuche, dich von den Erwartungen anderer zu lösen und dir in deinem Alltag möglichst wenig von außen diktieren zu lassen. Natürlich weiß ich, dass wir alle in unseren persönlichen Geflechten und auch Verpflichtungen leben. Selbst wenn dir aber der Rahmen von außen vorgegeben wird, hast du meist die Chance, ihn selbst auszugestalten. Du kannst entscheiden, mit welcher Einstellung du den Dingen begegnest – auch ungeliebten Tätigkeiten oder Situationen. Du kannst immer frei deine Einstellung wählen. So wird dir vieles leichter fallen.

Beobachte dich darüber hinaus sorgsam, wann dir Dinge leichtfallen. Wann verspürst du Freude an etwas? In welchen Situationen vergisst du die Zeit und bist voll in der Tätigkeit versunken? Schaffe dir mehr solcher Situationen, denn genau so fühlt es sich an, im Flow zu sein. Im Flow versinkst du und bist zugleich sehr fokussiert. Dein ewiges Gedankenkarussell hält an, weil es von deinem Flow ausgebremst wird. Solche Situationen erleichtern und entspannen dich und geben dir mehr innere Ruhe. Öffne dein Herz genau für solche Situationen. Damit lässt du mehr Fülle und Gelassenheit in dein Herz.

Hast du konkrete Situationen oder Tätigkeiten im Kopf, bei denen du im Flow bist?

Schreibe sie hier auf:

- _____
- _____
- _____
- _____
- _____
- _____
- _____
- _____

„Do not go with the flow.
Be the flow."
—— ELIF SHAFAK ——

Erkenntnis 27 Sei du selbst.
IMMER.

Nachdem du mit diesem Buch viel daran gearbeitet hast, zu dir selbst zurückzukommen ist es nun wichtig, dass du auch dazu stehst. Du bist ein Mensch, der weiß, wer er ist, welche Macken und Fehler er hat. Du hast darüber gelesen, wie wichtig es ist, sich selbst zu akzeptieren. Die Königsklasse ist es nun, sich dort zu akzeptieren, wo es so richtig mies läuft. Erkenne dich auch dort und genau in diesen Situationen an. In den Phasen deines Lebens, wenn wirklich alles Mist ist oder du selbst großen Mist gebaut hast, nimm dich in den Arm. Behandele dich so liebevoll, wie du es trotz allem mit deinem Kind oder deiner Freundin tun würdest. Halte es aus, es wird vorbeigehen. Ich weiß es, du weißt es. Sei es die größte Trauer oder die größte Scham – sie wird enden. Halte dich selbst fest und hilf dir da durch. In solchen Situationen ist es darüber hinaus essenziell, sich die Meinung der anderen vom Hals zu halten. Letztlich zählt, wie du mit dieser Situation umgehst und wie du sie für dich bewertest. Verschwende keine – und ich meine absolut keine – Kraft darauf, die Bewertungen anderer Menschen in dieser Situation zu ändern. Du hast nur begrenzt Kraft zur Verfügung. Nutze sie für dich. Wenn du zweifelst, wo deine Prioritäten sein sollten, frage dich, wer letztlich dieses Leben lebt. Du allein lebst dieses Leben – es ist dein Leben! Deshalb zählen deine Entscheidungen und auch nur deine Bewertungen. Niemand wird irgendwann zu dir sagen „Danke, dass du dich so bemüht hast, dass ich keinen schlechten Eindruck von dir habe".

„Sei du selbst,
denn alle anderen gibt es schon."

— OSCAR WILDE —

Erkenntnis 28 Ich brauche einen Kraftort.

In vielen Ratgebern wird sie empfohlen, die „Me-Time". Dazu möchte ich dir sagen: Me-Time ist mehr als eine heiße Badewanne und eine Gesichtsmaske. Me-Time ist eine Auszeit, die dir hilft, deine Selbstfürsorge zu spüren. Me-Time ist Zeit mit dir selbst. Nur mit dir selbst. Wie diese Zeit aussieht, bestimmst du allein. Wenn du bei dir ankommst, während du allein einen Tag lang durch die Geschäfte streifst – tu es. Wenn du bei dir ankommst, indem du dir alle paar Wochen ein freies Wochenende gönnst, los geht's. Me-Times können aber auch die paar Minuten in der Bahn auf dem Weg zur Arbeit sein, in denen du nicht deine Mails prüfst oder den Familieneinkauf planst, sondern einfach weiter in deinem Lieblingsbuch liest. Erobere dir deine eigenen kleinen Fluchten in deinem Alltag.

Besonders in (frischen) Partnerschaften neigt man dazu, diese Zeit zugunsten des anderen stark zu reduzieren. Ich rate dir: Halte eisern an deiner Me-Time fest. Sie sorgt dafür, dass du langfristig Ressourcen für deinen Partner freihast, sie verleiht dir aber auch Attraktivität. Menschen, die klar Grenzen setzen können, wissen, was sie brauchen und genau das auch umsetzen, wirken klar und attraktiv. Sie zeigen: „Ich bin es mir wert." So vermitteln sie auch anderen, dass sie einen Wert haben.

Für deine Me-Time kannst du dir auch einen eigenen Ort aussuchen oder erschaffen. Vielleicht gibt es eine Ecke im Haus oder in der Wohnung, die du dir schön einrichten könntest. Vielleicht gibt es einen Ort in der Natur, der dir Kraft gibt. Such dir einen solchen Ort. Gestalte ihn und feiere ihn.

Shine

Liebe Königin, du bist angekommen. Du bist mutig angetreten und hast 28 Erkenntnisse durchgearbeitet. Vielleicht spürst du die Veränderung schon und steckst voller Tatendrang. Oder bist du noch ein wenig ungeduldig und wünschst dir, dass alles schneller vorangeht? Dazu muss ich dir sagen: Es wird die Zeit dauern, die es eben braucht. Wenn ich eines gelernt habe, dann, dass alles immer aus einem bestimmten Grund und zu einem bestimmten Zeitpunkt passiert.

Vielleicht willst du es gerade nicht hören, aber genau dort ist für dich der größte Schatz vergraben. Gib dich hin, sei offen und wachsam.

Wenn du noch tiefer eintauchen willst,
lade ich dich ein, dich in den Memberbereich
www.janainavonmoos.com/konigin einzuwählen,
falls du es noch nicht gemacht hast.

Ansonsten wünsche ich dir, dass du endlich die Königin in dir rauslässt und anfängst, sie zu leben.

Sei du selbst.
Lieb, was du tust.
Lebe den Moment.
Glaub an dich.

Immer.

alles Liebe

Janaina

Nachwort

Lass es mich so zusammenfassen: Das Ende meiner Partnerschaft war das nicht das Ende meiner Geschichte. Sie war ein neuer Anfang. Dieses Tief und dieser Schmerz ließen mich so viel lernen und erfahren, dass ich wirklich bereit war. Ich war bereit für eine Zukunft, die ich heute mein Leben nennen darf. Ich lernte einen neuen Partner kennen. Meinen Seelenpartner, wie ich ihn nenne. Ohne diese schmerzhafte Erfahrung und all die Erkenntnisse, die sie mir brachte, wäre ich vielleicht gar nicht bereit für ihn gewesen. Wer weiß, vielleicht wären wir uns dennoch begegnet, aber unsere Beziehung wäre gescheitert, weil ich so viele Dinge einfach noch nicht begriffen hätte. Durch die Erfahrungen dieser Trennung war ich überhaupt erst in der Lage, meinem Seelenpartner zu begegnen, ihm wirklich zu begegnen – auf Augenhöhe. All die Themen, die mir in meinen vorherigen Partnerschaften Sorgen bereitet hatten, gab es zwischen uns nicht mehr. Wir waren beide bereit. Wir saßen beide fest im Sattel unseres jeweils eigenen Lebens und kannten uns selbst. Jeder von uns beiden hatte sich selbst bereits gefunden und musste mit dieser neuen Liebe keine Löcher stopfen, Ängsten ausweichen oder Komplexe kompensieren. Das waren einfach wir.

Mein Seelenpartner wurde mein Mann. Er wurde der Vater unseres Sohnes. Letztlich habe ich genau das bekommen, was ich mir so sehr gewünscht hatte – wenn auch nicht mit Ende zwanzig. Ich habe es bekommen, als ich wirklich bereit dafür war. Heute befinde ich mich in einer glücklichen, sicheren Partnerschaft, kann Mutter sein und gleichzeitig erfolgreiche Online-Unternehmerin bleiben. Nach meinem Tief und meiner Auszeit habe ich voller neuer Kraft und mit viel mehr Klarheit weitere Unternehmen aufgebaut. Mein Mann ist mittlerweile auch mein Geschäftspartner. Wenn ich mein Leben heute von außen betrachte, kann ich kaum glauben, wie sich das alles gefügt hat. Auch du kannst es schaffen. Egal, in welchem Tief du gerade steckst – setz dich mit dir auseinander, fang an, an dir zu arbeiten, dich selbst zu entdecken und lass die Welt um dich herum sehen, wer du wirklich bist. Eine Königin!

Danksagung

Wenn du mein Buch aufmerksam gelesen hast, ahnst du vielleicht, an welche Person mein Dank als erstes geht: an mich selbst. Ich danke mir, dass ich diese Reise und die anstrengenden Prozesse auf mich genommen habe, um dort anzukommen, wo ich heute bin. Ich bin mir selbst dankbar, dass ich den besagten Ex-Partner losgelassen habe. Ich danke mir, dass ich zu mir gestanden habe.

Danke an Pirmin Loetscher, dessen Buch „Annehmen und loslassen" ich 2015 am Flughafen im Buchladen stehen sah und was mich gleich inspirierte. Bevor ich diese Reise antrat und überhaupt nur ein Wort für dieses Buch geschrieben habe, war es das Buch von Pirmin, das mir den Anstupser gegeben hat. Damals habe ich mit ihm eine mentale Konversation geführt und gesagt: „Lieber Pirmin, eines Tages werde ich ein Buch schreiben und es wird genau wie deines im Buchhandel erhältlich sein. Du bist ein Luzerner, so wie ich eine Luzernerin bin. Wenn du das kannst, kann ich das auch." Und jetzt, Jahre später, ist es so weit. Du weißt jetzt mittlerweile, dass alles möglich ist, liebe Königin. Erwecke deine göttliche Kraft in dir.

Speziell möchte ich dem LIV-Verlag und insbesondere Bianca Vigliotti danken. Sie hat mich in diesem Prozess so kompetent, warmherzig und einfühlsam begleitet und noch mal das Beste aus meinem Manuskript herausgeholt. Unsere Zusammenarbeit war ein perfect Match.

Ich danke auch meinem Ex-Partner – für den Prozess und diese schräge Beziehung, die ich wohl doch brauchte, um zur Besinnung zu kommen, und um dieses Buch zu schreiben.

Ich danke meinem Mann: Danke, dass ich in dir alles finden konnte, was ich so lange gesucht habe und nicht für möglich gehalten hatte.

Ich danke meiner Freundin Miriam – für die unbequemen, aber richtigen Worte im richtigen Augenblick.

Ich danke Roger, für alles, was er mir auch in den letzten Stunden seines Lebens mitgegeben hat.

Ich danke all meinen Lehrern, Coaches und Mentoren – auch dank ihnen konnte ich dir in diesem Buch so vieles mitgeben.

Ich danke DIR, liebe Königin – dafür, dass du den Mut hattest, zu diesem Buch zu greifen, und dafür, dass du bereit bist, deinen eigenen Weg zu gehen. Die Welt braucht mehr Frauen wie dich.